Sapore d'India

Un Viaggio Culinario attraverso le Spezie e i Sapori

Marco Bianchi

Indice

Dosaggio istantaneo 18
    ingredienti 18
    Metodo 19

Rotolo di patate dolci 20
    ingredienti 20
    Metodo 20

Frittella di patate 21
    ingredienti 21
    Metodo 22

Murgh Malai Kebab 23
    ingredienti 23
    Metodo 24

Keema Soffi 25
    ingredienti 25
    Metodo 26

Pakoda all'uovo 28
    ingredienti 28
    Metodo 28

Dosa dell'uovo 29
    ingredienti 29
    Metodo 30

Khasta Kachori 31
    ingredienti 31

- Metodo 32
- Dhokla di verdure miste 34
  - ingredienti 34
  - Metodo 35
- Frankie 36
  - ingredienti 36
  - Metodo 36
- Delizia di besan e formaggio 38
  - ingredienti 38
  - Per la miscela di fagioli: 38
  - Metodo 39
- Peperoncino Idli 40
  - ingredienti 40
  - Metodo 40
- Tartine agli spinaci 41
  - ingredienti 41
  - Metodo 42
- Paushtik Chaat 43
  - ingredienti 43
  - Metodo 44
- rotolo di cavolo 45
  - ingredienti 45
  - Metodo 46
- Pane Al Pomodoro 47
  - ingredienti 47
  - Metodo 47
- Polpette di mais e formaggio 48

ingredienti 48

Metodo 48

Fiocchi di mais Chivda 49

ingredienti 49

Metodo 50

Rotolo di noci 51

ingredienti 51

Metodo 52

Involtini di cavolo con carne macinata 53

ingredienti 53

Metodo 54

Pav Bhaji 55

ingredienti 55

Metodo 56

Cotoletta Di Soia 57

ingredienti 57

Metodo 58

Mais Bhel 59

ingredienti 59

Metodo 59

Methi Goccia 60

ingredienti 60

Metodo 61

Idli 62

ingredienti 62

Metodo 62

Idli Plus 63

- ingredienti 63
  - Metodo 64
- Panino Masala 65
  - ingredienti 65
  - Metodo 66
- Kebab alla menta 67
  - ingredienti 67
  - Metodo 67
- Sevia Upma vegetale 68
  - ingredienti 68
  - Metodo 69
- Bhel 70
  - ingredienti 70
  - Metodo 70
- Sabudana Khichdi 71
  - ingredienti 71
  - Metodo 72
- Dhokla semplice 73
  - ingredienti 73
  - Metodo 74
- patata jaldi 75
  - ingredienti 75
  - Metodo 75
- Dhokla arancione 76
  - ingredienti 76
  - Metodo 77
- cavolo muthia 78

- ingredienti 78
- Metodo 79
- Rava Dhokla 80
  - ingredienti 80
  - Metodo 80
- Chapatti Upma 81
  - ingredienti 81
  - Metodo 82
- Mung Dhokla 83
  - ingredienti 83
  - Metodo 83
- Braciola di manzo Mughlai ... 84
  - ingredienti 84
  - Metodo 85
- Masala Vada 86
  - ingredienti 86
  - Metodo 86
- Cavolo Chivda 87
  - ingredienti 87
  - Metodo 87
- Pane Besan Bhajji 89
  - ingredienti 89
  - Metodo 89
- Methi Seekh Kebab 90
  - ingredienti 90
  - Metodo 90
- Jhinga Hariyali 91

ingredienti	91
Metodo	92
Methi Adai	93
ingredienti	93
Metodo	94
Chaat di piselli	95
ingredienti	95
Metodo	95
Shingada	96
ingredienti	96
Per la pasticceria:	96
Metodo	97
Bhajia della cipolla	98
ingredienti	98
Metodo	98
Bagani Murgh	99
ingredienti	99
Per la marinata:	99
Metodo	100
Tikki di patate	101
ingredienti	101
Metodo	102
Vada Patata	103
ingredienti	103
Metodo	104
Mini kebab di pollo	105
ingredienti	105

Metodo 105
Polpetta di lenticchie 106
    ingredienti 106
    Metodo 107
Poha nutriente 108
    ingredienti 108
    Metodo 108
Fagioli Usali 109
    ingredienti 109
    Metodo 110
Chutney di pane Pakoda 111
    ingredienti 111
    Metodo 111
Delizia di Methi Khakra 112
    ingredienti 112
    Metodo 112
Braciola Verde 113
    ingredienti 113
    Metodo 114
Handvo 115
    ingredienti 115
    Metodo 116
Ghugra 117
    ingredienti 117
    Metodo 117
Polpette Di Verdure 119
    ingredienti 119

- Metodo 120
- Fagioli germogliati di Bhel 121
  - ingredienti 121
  - Per la rifinitura: 121
  - Metodo 122
- Aloo Kachori 123
  - ingredienti 123
  - Metodo 123
- Dieta Dosa 124
  - ingredienti 124
  - Metodo 124
- Rullo Nutri 126
  - ingredienti 126
  - Metodo 127
- Sabudana Palak Doodhi Uttapam 128
  - ingredienti 128
  - Metodo 129
- Poha 130
  - ingredienti 130
  - Metodo 131
- Trito Di Verdure 132
  - ingredienti 132
  - Metodo 133
- Uppit di fagioli di soia 134
  - ingredienti 134
  - Metodo 135
- Upma 136

ingredienti 136

Metodo 137

Vermicelli Upma 138

ingredienti 138

Metodo 139

Bonda 140

ingredienti 140

Metodo 141

Dhokla istantaneo 142

ingredienti 142

Metodo 143

Dhal Maharani 144

ingredienti 144

Metodo 145

Milagu Kuzhambu 146

ingredienti 146

Metodo 147

Dhal Hariyali 148

ingredienti 148

Metodo 149

Dhalcha 150

ingredienti 150

Metodo 151

Tarkari Dhalcha 152

ingredienti 152

Metodo 153

Dhokar Dhalna 154

ingredienti 154

    Metodo 154

Varan 156

    ingredienti 156

    Metodo 156

Dolce dhal 157

    ingredienti 157

    Metodo 158

Dhal agrodolce 159

    ingredienti 159

    Metodo 160

Mung-ni-Dhal 161

    ingredienti 161

    Metodo 162

Dhal con cipolla e cocco 163

    ingredienti 163

    Metodo 164

Dahi Kadhi 165

    ingredienti 165

    Metodo 166

Dhal di spinaci 167

    ingredienti 167

    Metodo 168

Taker Dhal 169

    ingredienti 169

    Metodo 170

Dhal di base 171

- ingredienti 171
- Metodo 172
- Maa-ki-Dhal 173
  - ingredienti 173
  - Metodo 174
- Dhansak 175
  - ingredienti 175
  - Per la miscela Dhal: 175
  - Metodo 176
- Masoor Dhal 177
  - ingredienti 177
  - Metodo 177
- Panchemel Dhal 178
  - ingredienti 178
  - Metodo 179
- Cholar Dhal 180
  - ingredienti 180
  - Metodo 181
- Dilpasand Dhal 182
  - ingredienti 182
  - Metodo 183
- Dhal Masoor 184
  - ingredienti 184
  - Metodo 185
- Dhal con melanzane 186
  - ingredienti 186
  - Metodo 187

Dhal Tadka giallo 188

    ingredienti 188

    Metodo 188

Rasam 189

    ingredienti 189

    Per il mix di spezie: 189

    Metodo 190

Mung Dhal semplice 191

    ingredienti 191

    Metodo 191

Mung verde intero 192

    ingredienti 192

    Metodo 193

Dahi Kadhi con Pakora 194

    ingredienti 194

    Per il kadhi: 194

    Metodo 195

Dolce Dhal al mango verde 196

    ingredienti 196

    Metodo 197

Malai Dhal 198

    ingredienti 198

    Metodo 199

Sambhar 200

    ingredienti 200

    Per il condimento: 200

    Metodo 201

Tre dhal 202
    ingredienti 202
    Metodo 203
Bacchetta Methi-Sambhar 204
    ingredienti 204
    Metodo 205
Dhal Shorba 206
    ingredienti 206
    Metodo 206
Buonissimo Mung 207
    ingredienti 207
    Metodo 208
Masala Toor Dhal 209
    ingredienti 209
    Metodo 210
Mung Dhal giallo secco 211
    ingredienti 211
    Metodo 211
Intero Urad 212
    ingredienti 212
    Metodo 213
Dhal Fry 214
    ingredienti 214
    Metodo 215
Malai Koftas 216
    ingredienti 216
    Per i kofta: 217

Metodo 217
Alo Palak 219
   ingredienti 219
   Metodo 220

Dosaggio istantaneo

(Crêpe di riso istantanea)

Fa 10-12

ingredienti

85 g/3 once di farina di riso

45 g / 1½ oz di farina integrale

45 g/1½ oz di farina bianca normale

25 g/1 oncia scarsa di semola

60 g di besan*

1 cucchiaino di cumino macinato

4 peperoni verdi, tritati finemente

2 cucchiai di panna

Sale a piacere

120 ml/4 fl oz di olio vegetale raffinato

Metodo

- Mescolare tutti gli ingredienti tranne l'olio con acqua quanto basta per ottenere una pastella densa e dalla consistenza colata.

- Scaldare una padella e aggiungere un cucchiaino di olio d'oliva. Versate 2 cucchiai di impasto e stendetelo con il dorso di un cucchiaio per formare una crêpe.

- Cuocere a fuoco basso finché la parte inferiore non sarà dorata. Gira e ripeti.

- Rimuovere con attenzione con una spatola. Ripetere l'operazione per l'impasto rimanente.

- Servire caldo con qualsiasi chutney.

Rotolo di patate dolci

Fa 15-20

ingredienti

4 grandi patate dolci, cotte al vapore e schiacciate

175 g/6 once di farina di riso

4 cucchiai di miele

20 anacardi, leggermente tostati e tritati

20 uvetta

Sale a piacere

2 cucchiaini di semi di sesamo

Ghee per friggere

Metodo

- Mescolare tutti gli ingredienti tranne il burro chiarificato e i semi di sesamo.

- Formate delle palline grandi quanto una noce e cospargetele con semi di sesamo per ricoprirle.

- Scaldare il burro chiarificato in una padella. Friggere le palline a fuoco medio fino a doratura. Servire caldo.

Frittella di patate

Sono passate 30

ingredienti

6 patate grandi, 3 grattugiate più 3 lessate e schiacciate

2 uova

2 cucchiai di farina bianca semplice

½ cucchiaino di pepe nero appena macinato

1 cipolla piccola, tritata finemente

120 ml/4 once fluide di latte

60 ml/2 fl oz di olio vegetale raffinato

1 cucchiaino di sale

2 cucchiai di olio

Metodo

- Mescolare tutti gli ingredienti tranne l'olio fino a formare una pastella densa.

- Scaldare una padella e spalmarvi sopra l'olio. Metti da 2 a 4 cucchiai grandi di pastella e stendili come una frittella.

- Cuocere ciascun lato a fuoco medio per 3-4 minuti finché il pancake non sarà dorato e croccante attorno ai bordi.

- Ripetere l'operazione per l'impasto rimanente. Servire caldo.

Murgh Malai Kebab

(Kebab di pollo cremoso)

Fa 25-30

ingredienti

1 cucchiaino di pasta di zenzero

1 cucchiaino di pasta d'aglio

2 peperoni verdi

25 g/1 oncia scarsa di foglie di coriandolo, tritate finemente

3 cucchiai di panna

1 cucchiaino di farina bianca semplice

125 g/4½ oz di formaggio cheddar, grattugiato

1 cucchiaino di sale

500 g di pollo disossato, tritato finemente

Metodo

- Mescolare tutti gli ingredienti tranne il pollo.

- Marinare i pezzi di pollo nel composto per 4-6 ore.

- Disporre su una teglia e cuocere in forno a 165ºC (325ºF, Gas Mark 4) per circa 20-30 minuti, finché il pollo non sarà dorato.

- Servire caldo con chutney alla menta

Keema Soffi

(Snack ripieni)

Sono passate le 12

ingredienti

250 g/9 once di farina bianca normale

½ cucchiaio di sale

½ cucchiaino di lievito

1 cucchiaio di burro chiarificato

100 ml/3½ fl oz di acqua

2 cucchiai di olio vegetale raffinato

2 cipolle medie, tritate

¾ cucchiaino di pasta di zenzero

¾ cucchiaino di pasta d'aglio

6 peperoni verdi, tritati finemente

1 pomodoro grande, tritato

½ cucchiaino di zafferano

½ cucchiaino di peperoncino in polvere

1 cucchiaino di garam masala

125 g di piselli surgelati

4 cucchiai di yogurt

2 cucchiai di acqua

50 g di foglie di coriandolo, tritate finemente

500 g di pollo, tritato

Metodo

- Setacciare insieme la farina, il sale e il lievito. Aggiungi burro chiarificato e acqua. Impastare per formare un impasto. Lasciare riposare per 30 minuti e impastare nuovamente. Lasciato da parte.

- Scaldare l'olio in una padella. Aggiungere la cipolla, la pasta di zenzero, la pasta di aglio e i peperoncini verdi. Friggere per 2 minuti a fuoco medio.

- Aggiungere i pomodori, la curcuma, il peperoncino in polvere, il garam masala e un po' di sale. Mescolare bene e cuocere per 5 minuti, mescolando continuamente.

- Aggiungere i piselli, lo yogurt, l'acqua, le foglie di coriandolo e il pollo tritato. Mescolare bene. Cuocere per 15 minuti, mescolando di tanto in tanto, finché il composto non sarà asciutto. Lasciato da parte.

- Stendere l'impasto in un disco grande. Tagliare in una forma quadrata e poi tagliare 12 piccoli rettangoli dal quadrato.

- Disporre il composto tritato al centro di ogni rettangolo e arrotolarlo come una carta di caramelle.

- Cuocere in forno a 175ºC (350ºF, Gas Mark 4) per 10 minuti. Servire caldo.

Pakoda all'uovo

(Spuntino a base di uova fritte)

Sono passate le 20

ingredienti

3 uova sbattute

3 fette di pane, divise in quattro

125 g/4½ oz di formaggio cheddar, grattugiato

1 cipolla tritata finemente

3 peperoni verdi, tritati finemente

1 cucchiaio di foglie di coriandolo tritate

½ cucchiaino di pepe nero macinato

½ cucchiaino di peperoncino in polvere

Sale a piacere

Olio vegetale raffinato per friggere

Metodo

- Mescolare tutti gli ingredienti tranne l'olio.

- Scaldare l'olio in una padella. Aggiungere cucchiai del composto. Friggere a fuoco medio fino a doratura.

- Scolare su carta assorbente. Servire caldo.

Dosa dell'uovo

(Crêpe di uova e riso)

Fa 12-14

ingredienti

150 g / 5½ once di urad dhal*

100 g di riso al vapore

Sale a piacere

4 uova sbattute

Pepe nero macinato a piacere

25 g/1 oncia scarsa di cipolla, tritata finemente

2 cucchiai di foglie di coriandolo tritate

1 cucchiaio di olio vegetale raffinato

1 cucchiaio di burro

Metodo

- Immergere il dhal e il riso insieme per 4 ore. Aggiungete il sale e tritate fino ad ottenere un impasto denso. Lascia fermentare per una notte.

- Ungere e scaldare una padella piatta. Distribuiteci sopra 2 cucchiai di impasto.

- Versare 3 cucchiai di uovo sull'impasto. Cospargere pepe, cipolla e foglie di coriandolo. Versare un po' d'olio attorno ai bordi e cuocere per 2 minuti. Girare con attenzione e cuocere per altri 2 minuti.

- Ripetere per il resto dell'impasto. Aggiungere una noce di burro ad ogni dosa e servire caldo con chutney di cocco

Khasta Kachori

(Gnocco piccante di lenticchie fritte)

Fa 12-15

ingredienti

200 g di besan*

300 g/10 once di farina bianca normale

Sale a piacere

200 ml/7 fl oz di acqua

2 cucchiai di olio vegetale raffinato più per friggere

Pizzico di assafetida

225 g/8 once di mung dhal*, ammollato per un'ora e scolato

1 cucchiaino di zafferano

1 cucchiaino di coriandolo macinato

4 cucchiaini di semi di finocchio

2-3 chiodi di garofano

1 cucchiaio di foglie di coriandolo, tritate finemente

3 peperoni verdi, tritati finemente

2,5 cm/1 pollice Radice di zenzero, tritata finemente

1 cucchiaio di foglie di menta, tritate finemente

¼ cucchiaino di peperoncino in polvere

1 cucchiaino di amchoor*

Metodo

- Impastare il besan, la farina e un po' di sale con abbondante acqua fino ad ottenere un impasto sodo. Lasciato da parte.

- Scaldare l'olio in una padella. Aggiungi l'assafetida e lascialo starnutire per 15 secondi. Aggiungere il dhal e friggere per 5 minuti a fuoco medio, mescolando continuamente.

- Aggiungere curcuma, coriandolo macinato, semi di finocchio, chiodi di garofano, foglie di coriandolo, peperoncini verdi, zenzero, foglie di menta, peperoncino in polvere e amchoor. Mescolare bene e cuocere per 10-12 minuti. Lasciato da parte.

- Dividete l'impasto in palline grandi quanto un limone. Appiattiteli e stendeteli in piccoli dischi da 12,5 cm. di diametro.

- Metti un cucchiaio del composto dhal al centro di ogni disco. Sigillare come un sacchetto e appiattirlo in puri. Lasciato da parte.

- Scaldare l'olio in una padella. Friggere i puri finché non si gonfiano.

- Servire caldo con chutney verde di cocco

Dhokla di verdure miste

(Torta Di Legumi Misti Al Vapore)

Sono passate le 20

ingredienti

125 g di fagioli mung interi*

125 g di kaala chana*

60 g/2 once grammo turco

50 g di piselli secchi

75 g di fagioli urad*

2 cucchiaini di pepe verde

Sale a piacere

Metodo

- Immergere insieme i fagioli mung, il kaala chana, il grammo turco e i piselli secchi. Immergere i grani di urad separatamente. Mettere da parte per 6 ore.

- Macinare tutti gli ingredienti ammollati per ottenere un impasto denso. Fermentare 6 ore.

- Aggiungere pepe verde e sale. Mescolare bene, versare in una tortiera rotonda da 20 cm e cuocere per 10 minuti.

- Tagliare a forma di diamante. Servire con chutney di menta

Frankie

Fa 10-12

ingredienti

1 cucchiaino di chaat masala*

½ cucchiaino di garam masala

½ cucchiaino di cumino macinato

4 patate grandi, bollite e schiacciate

Sale a piacere

10-12 chapati

Olio vegetale raffinato per ungere

2-3 peperoncini verdi tritati finemente e ammollati in poco aceto bianco

2 cucchiai di foglie di coriandolo, tritate finemente

1 cipolla tritata finemente

Metodo

- Mescolare chaat masala, garam masala, cumino in polvere, patate e sale. Impastare bene e mettere da parte.

- Scaldare una padella e adagiarvi sopra un chapati.

- Applicare un filo d'olio sul chapati e girarlo per friggerlo su un lato. Ripeti dall'altra parte.

- Distribuire uniformemente uno strato di composto di patate sul chapati caldo.

- Cospargere alcuni peperoncini verdi, foglie di coriandolo e cipolla.

- Arrotolare il chapati in modo che il composto di patate sia all'interno.

- Cuocere il pane in padella fino a doratura e servire caldo.

Delizia di besan e formaggio

Sono passate 25

ingredienti

2 uova

250 g/9 once di formaggio Cheddar, grattugiato

1 cucchiaino di pepe nero macinato

1 cucchiaino di senape macinata

½ cucchiaino di peperoncino in polvere

60 ml/2 fl oz di olio vegetale raffinato

Per la miscela di fagioli:

50 g di semola tostata a secco

Besan 375 g / 13 once*

200 g/7 once di cavolo cappuccio, tritato

1 cucchiaino di pasta di zenzero

1 cucchiaino di pasta d'aglio

Pizzico di lievito

Sale a piacere

Metodo

- Sbattere bene 1 uovo. Aggiungere il formaggio Cheddar, il pepe, la senape in polvere e il peperoncino in polvere. Mescolare bene e mettere da parte.

- Mescolare gli ingredienti della miscela di fagioli. Trasferire in una tortiera rotonda da 20 cm e cuocere a vapore per 20 minuti. Una volta freddo, tagliatelo in 25 pezzi e spalmate sopra ognuno il composto di uova e formaggio.

- Scaldare l'olio in una padella. Friggere i pezzi a fuoco medio fino a doratura. Servire caldo con chutney verde di cocco

Peperoncino Idli

4 porzioni

ingredienti

3 cucchiai di olio vegetale raffinato

1 cucchiaino di semi di senape

1 cipolla piccola, affettata

½ cucchiaino di garam masala

1 cucchiaio di ketchup

4 idli tritati

Sale a piacere

2 cucchiai di foglie di coriandolo

Metodo

- Scaldare l'olio in una padella. Aggiungi i semi di senape. Lasciali balbettare per 15 secondi.

- Aggiungere tutti gli ingredienti rimanenti tranne le foglie di coriandolo. Mescolare bene.

- Cuocere a fuoco medio per 4-5 minuti, mescolando delicatamente. Decorare con foglie di coriandolo. Servire caldo.

Tartine agli spinaci

Ne fa 10

ingredienti

2 cucchiai di burro

10 fette di pane, divise in quarti

2 cucchiai di burro chiarificato

1 cipolla tritata finemente

300 g/10 once di spinaci, tritati finemente

Sale a piacere

125 g/4½ oz formaggio di capra, sgocciolato

4 cucchiai di formaggio cheddar grattugiato

Metodo

- Imburrare entrambi i lati dei pezzi di pane e metterli in forno preriscaldato a 200ºC (400ºF, Gas Mark 6) per 7 minuti. Lasciato da parte.

- Scaldare il burro chiarificato in una padella. Friggere la cipolla fino a doratura. Aggiungere gli spinaci e il sale. Cuocere per 5 minuti. Aggiungete il formaggio caprino e mescolate bene.

- Distribuire il composto di spinaci sui pezzi di pane tostato. Cospargete sopra un po' di formaggio Cheddar grattugiato e infornate a 130°C (250°F, Gas Mark ½) finché il formaggio non si sarà sciolto. Servire caldo.

Paushtik Chaat

(Snack salutare)

4 porzioni

ingredienti

3 cucchiaini di olio vegetale raffinato

½ cucchiaino di semi di cumino

2,5 cm/1 pollice Radice di zenzero, schiacciata

1 patata piccola, cotta e tritata

1 cucchiaino di garam masala

Sale a piacere

Pepe nero macinato a piacere

250 g di fagioli mung, cotti

Fagioli in scatola da 300 g/10 once

300 g di ceci in scatola

10 g di foglie di coriandolo, tritate

1 cucchiaino di succo di limone

Metodo

- Scaldare l'olio in una padella. Aggiungi i semi di cumino. Lasciali balbettare per 15 secondi.
- Aggiungere lo zenzero, la patata, il garam masala, sale e pepe. Rosolare a fuoco medio per 3 minuti. Aggiungere i fagioli mung, i fagioli rossi e i ceci. Cuocere a fuoco medio per 8 minuti.
- Decorare con foglie di coriandolo e succo di lime. Servire freddo.

rotolo di cavolo

4 porzioni

ingredienti

1 cucchiaio di farina bianca semplice

3 cucchiai di acqua

Sale a piacere

2 cucchiai di olio vegetale raffinato più per friggere

1 cucchiaino di semi di cumino

100 g di verdure miste surgelate

1 cucchiaio di panna liquida

2 cucchiai di paneer*

¼ cucchiaino di curcuma

1 cucchiaino di peperoncino in polvere

1 cucchiaino di coriandolo macinato

1 cucchiaino di cumino macinato

8 foglie grandi di cavolo, messe a bagno in acqua calda per 2-3 minuti e scolate

Metodo

- Mescolare la farina, l'acqua e il sale fino a formare una pasta densa. Lasciato da parte.
- Scaldare l'olio in una padella. Aggiungere i semi di cumino e lasciarli scoppiettare per 15 secondi. Aggiungere tutti gli ingredienti rimanenti tranne le foglie di cavolo. Cuocere a fuoco medio per 2-3 minuti, mescolando continuamente.
- Mettete delle cucchiaiate di questo composto al centro di ogni foglia di cavolo. Piegare le foglie e sigillare le estremità con la pasta di farina.
- Scaldare l'olio in una padella. Immergere gli involtini di cavolo nella pasta di farina e friggerli. Servire caldo.

Pane Al Pomodoro

Ne fa 4

ingredienti

1 cucchiaio e mezzo di olio vegetale raffinato

150 g di passata di pomodoro

3-4 foglie di curry

2 peperoni verdi, tritati

Sale a piacere

2 patate grandi, bollite e affettate

6 fette di pane grattugiato

10 g di foglie di coriandolo, tritate

Metodo

- Scaldare l'olio in una padella. Aggiungere la passata di pomodoro, le foglie di curry, i peperoncini verdi e il sale. Cuocere per 5 minuti.
- Aggiungere le patate e il pane. Cuocere a fuoco basso per 5 minuti.
- Decorare con foglie di coriandolo. Servire caldo.

Polpette di mais e formaggio

Fa da 8 a 10

ingredienti

200 g di mais dolce

250 g/9 once di mozzarella grattugiata

4 patate grandi, bollite e schiacciate

2 peperoni verdi, tritati

2,5 cm/1 pollice Radice di zenzero, tritata finemente

1 cucchiaio di foglie di coriandolo tritate

1 cucchiaino di succo di limone

50 g di pangrattato

Sale a piacere

Olio vegetale raffinato per friggere

50 g di semola

Metodo

- In una ciotola mescolare tutti gli ingredienti tranne l'olio e la semola. Dividere in 8-10 palline.
- Scaldare l'olio in una padella. Immergere le palline nella semola e friggerle a fuoco medio fino a doratura. Servire caldo.

Fiocchi di mais Chivda

(Spuntino con fiocchi di mais tostati)

Produce 500 g / 1 libbra 2 once

ingredienti

250 g di arachidi

150 g di chana dhal*

100 g di uvetta

125 g / 4½ oz di anacardi

Fiocchi di mais 200 g / 7 once

60 ml/2 fl oz di olio vegetale raffinato

7 peperoni verdi, tagliati

25 foglie di curry

½ cucchiaino di zafferano

2 cucchiaini di zucchero

Sale a piacere

Metodo

- Tostare le arachidi, il chana dhal, l'uvetta, gli anacardi e i cornflakes fino a renderli croccanti. Lasciato da parte.
- Scaldare l'olio in una padella. Aggiungi peperoncini verdi, foglie di curry e curcuma. Rosolare a fuoco medio per un minuto.
- Aggiungere lo zucchero, il sale e tutti gli ingredienti tostati. Friggere per 2-3 minuti.
- Lasciare raffreddare e conservare in un contenitore ermetico per un massimo di 8 giorni.

Rotolo di noci

Fa 20-25

ingredienti

140 g/5 once di farina bianca normale

240 ml/8 once fluide di latte

1 cucchiaio di burro

Sale a piacere

Pepe nero macinato a piacere

½ cucchiaio di foglie di coriandolo, tritate finemente

3-4 cucchiai di formaggio cheddar grattugiato

¼ cucchiaino di noce moscata grattugiata

125 g di anacardi, macinati grossolanamente

125 g di arachidi, macinate grossolanamente

50 g di pangrattato

Olio vegetale raffinato per friggere

Metodo

- In un pentolino mescolare 85 g di farina con il latte. Aggiungere il burro e cuocere il composto, mescolando continuamente, a fuoco basso finché non si addensa.
- Aggiungere il sale e il pepe. Lasciare raffreddare la miscela per 20 minuti.
- Aggiungi foglie di coriandolo, formaggio cheddar, noce moscata, anacardi e arachidi. Omogeneizzare. Lasciato da parte.
- Cospargete metà del pangrattato su una teglia.
- Versare i cucchiaini di composto di farina sul pangrattato e formare dei rotoli. Lasciato da parte.
- Mescolare la farina rimanente con abbastanza acqua per ottenere un impasto sottile. Immergete i panini nella pasta e passateli nuovamente nel pangrattato.
- Scaldare l'olio in una padella. Friggere i panini a fuoco medio fino a doratura.
- Servire caldo con ketchup o chutney di cocco verde

Involtini di cavolo con carne macinata

Sono passate le 12

ingredienti

1 cucchiaio di olio vegetale raffinato, più extra per friggere

2 cipolle, tritate finemente

2 pomodori tagliati

½ cucchiaio di pasta di zenzero

½ cucchiaio di pasta d'aglio

2 peperoni verdi, affettati

½ cucchiaino di zafferano

½ cucchiaino di peperoncino in polvere

¼ cucchiaino di pepe nero macinato

500 g di pollo, tritato

200 g di piselli surgelati

2 patate piccole, tagliate a cubetti

1 carota grande, tagliata a cubetti

Sale a piacere

25 g/1 oncia scarsa di foglie di coriandolo, tritate finemente

12 grandi foglie di cavolo, pre-bollite

2 uova sbattute

100 g di pangrattato

Metodo

- Scaldare 1 cucchiaio di olio in una padella. Friggere le cipolle finché non saranno traslucide.
- Aggiungere pomodori, pasta di zenzero, pasta di aglio, peperoncini verdi, curcuma, peperoncino in polvere e pepe. Mescolare bene e friggere per 2 minuti a fuoco medio.
- Aggiungere il pollo tritato, i piselli, le patate, le carote, il sale e le foglie di coriandolo. Cuocere per 20-30 minuti, mescolando di tanto in tanto. Raffreddare la miscela per 20 minuti.
- Disporre delle cucchiaiate del composto tritato su una foglia di cavolo e arrotolare. Ripetere per i fogli rimanenti. Fissare i rotoli con uno stuzzicadenti.
- Scaldare l'olio in una padella. Immergere gli involtini nell'uovo, ricoprirli di pangrattato e friggerli fino a doratura.
- Scolare e servire caldo.

Pav Bhaji

(Verdure piccanti con pane)

4 porzioni

ingredienti

- 2 patate grandi, cotte
- 200 g di verdure surgelate miste (peperoni verdi, carote, cavolfiore e piselli)
- 2 cucchiai di burro
- 1 cucchiaino e mezzo di pasta d'aglio
- 2 cipolle grandi, grattugiate
- 4 pomodori grandi, tagliati
- 250 ml/8 once fluide di acqua
- 2 cucchiaini di pav bhaji masala*
- 1½ cucchiaino di peperoncino in polvere
- ¼ cucchiaino di curcuma
- 1 succo di limone
- Sale a piacere
- 1 cucchiaio di foglie di coriandolo tritate
- Burro per cuocere
- 4 panini per hamburger, tagliati a metà

1 cipolla grande, tritata finemente

Fette di limone

Metodo

- Schiacciare bene le verdure. Lasciato da parte.
- Scaldare il burro in una padella. Aggiungere la pasta d'aglio e le cipolle e friggere fino a quando le cipolle diventano dorate. Aggiungere i pomodori e friggerli, mescolando di tanto in tanto, a fuoco medio per 10 minuti.
- Aggiungere la purea di verdure, l'acqua, il pav bhaji masala, il peperoncino in polvere, la curcuma, il succo di limone e il sale. Cuocere fino a quando la salsa sarà densa. Schiacciare e cuocere per 3-4 minuti, mescolando continuamente. Cospargete le foglie di coriandolo e mescolate bene. Lasciato da parte.
- Scaldare una padella piatta. Spalmare un po' di burro e cuocere i panini per hamburger finché non saranno croccanti su entrambi i lati.
- Servire il composto di verdure caldo insieme agli involtini, con a parte la cipolla e le fettine di limone.

Cotoletta Di Soia

Ne fa 10

ingredienti

300 g/10 once di mung dhal*, imbevuto per 4 ore

Sale a piacere

400 g di granuli di soia immersi in acqua tiepida per 15 minuti

1 cipolla grande, tritata finemente

2-3 peperoni verdi, tritati

1 cucchiaino di amchoor*

1 cucchiaino di garam masala

2 cucchiai di foglie di coriandolo, tritate

Pane 150 g / 5½ oz*o tofu, tritato

Olio vegetale raffinato per friggere

Metodo

- Non scolare il dhal. Salare e cuocere in padella a fuoco medio per 40 minuti. Lasciato da parte.
- Scolare i granuli di soia. Mescolarlo con dhal e macinarlo fino a ottenere una pasta densa.
- In una padella antiaderente, mescolare questa pasta con tutti gli altri ingredienti tranne l'olio. Cuocere a fuoco basso fino a quando non saranno asciutti.
- Dividete il composto in palline grandi quanto un limone e formate delle cotolette.
- Scaldare l'olio in una padella. Friggere le cotolette fino a doratura.
- Servire caldo con chutney alla menta

Mais Bhel

(Snack piccante di mais)

4 porzioni

ingredienti

200 g/7 once di chicchi di mais bolliti

100 g di cipolline, tritate finemente

1 patata, cotta, sbucciata e tritata

1 pomodoro, tritato

1 cetriolo tritato

10 g di foglie di coriandolo, tritate

1 cucchiaino di chaat masala*

2 cucchiaini di succo di limone

1 cucchiaio di chutney di menta

Sale a piacere

Metodo

- In una ciotola, mescolare tutti gli ingredienti per amalgamarli bene.
- Servire immediatamente.

Methi Goccia

(Frittella fritta di fieno greco)

Sono passate le 20

ingredienti

500 g/1 libbra 2 once di besan*

45 g / 1½ oz di farina integrale

125 g di yogurt

4 cucchiai di olio vegetale raffinato, più extra per friggere

2 cucchiaini di bicarbonato di sodio

50 g di foglie di fieno greco fresche, tritate finemente

50 g di foglie di coriandolo, tritate finemente

1 banana matura, sbucciata e schiacciata

1 cucchiaio di semi di coriandolo

10-15 grani di pepe nero

2 peperoni verdi

½ cucchiaino di pasta di zenzero

½ cucchiaino di garam masala

Pizzico di assafetida

1 cucchiaino di peperoncino in polvere

Sale a piacere

Metodo

- Mescolare besan, farina e yogurt.
- Aggiungere 2 cucchiai di olio e bicarbonato. Lasciare fermentare per 2-3 ore.
- Aggiungere tutti gli ingredienti rimanenti tranne l'olio. Mescolare bene per ottenere una pastella densa.
- Scaldare 2 cucchiai di olio e aggiungerli all'impasto. Mescolare bene e mettere da parte per 5 minuti.
- Scaldare l'olio rimanente in una padella. Immergere nell'olio piccole cucchiaiate di impasto e friggerle fino a doratura.
- Scolare su carta assorbente. Servire caldo.

Idli

(Torta di riso al vapore)

4 porzioni

ingredienti

500 g di riso messo a bagno per una notte

300 g/10 once di urad dhal*, imbevuto durante la notte

1 cucchiaio di sale

Pizzico di bicarbonato di sodio

Olio vegetale raffinato per ungere

Metodo

- Scolare il riso e il dhal e macinare insieme.
- Aggiungere il sale e il bicarbonato di sodio. Mettere da parte per 8-9 ore a fermentare.
- Ungere gli stampini per cupcake. Versare il composto di riso e dhal al loro interno in modo che ciascuno sia riempito per metà. Cuocere per 10-12 minuti.
- Rimuovi l'idlis. Servire caldo con chutney di cocco

Idli Plus

(Torta di riso al vapore con condimento)

6 porzioni

ingredienti

500 g di riso messo a bagno per una notte

300 g/10 once di urad dhal*, imbevuto durante la notte

1 cucchiaio di sale

¼ cucchiaino di curcuma

1 cucchiaio di zucchero raffinato

Sale a piacere

1 cucchiaio di olio vegetale raffinato

½ cucchiaino di semi di cumino

½ cucchiaino di semi di senape

Metodo

- Scolare il riso e il dhal e macinare insieme.
- Aggiungete il sale e lasciate fermentare per 8-9 ore.
- Aggiungere lo zafferano, lo zucchero e il sale. Mescolare bene e mettere da parte.
- Scaldare l'olio in una padella. Aggiungi cumino e semi di senape. Lasciali balbettare per 15 secondi.
- Aggiungere la miscela di riso e dhal. Coprite con un coperchio e fate cuocere per 10 minuti.
- Scoprire e girare il composto. Coprite nuovamente e fate cuocere per 5 minuti.
- Forare l'idli con una forchetta. Se la forchetta esce pulita, il minimo è terminato.
- Tagliare a pezzetti e servire caldo con chutney di cocco

Panino Masala

Ne fa 6

ingredienti

2 cucchiaini di olio vegetale raffinato

1 cipolla piccola, tritata finemente

¼ cucchiaino di curcuma

1 pomodoro grande, tritato

1 patata grande, bollita e schiacciata

1 cucchiaio di piselli cotti

1 cucchiaino di chaat masala*

Sale a piacere

10 g di foglie di coriandolo, tritate

50 g di burro

12 fette di pane

Metodo

- Scaldare l'olio in una padella. Aggiungere la cipolla e friggere finché non diventa traslucida.
- Aggiungere lo zafferano e il pomodoro. Friggere a fuoco medio per 2-3 minuti.
- Aggiungere patate, piselli, chaat masala, sale e foglie di coriandolo. Mescolare bene e cuocere per un minuto a fuoco basso. Lasciato da parte.
- Imburrare le fette di pane. Disporre uno strato del composto di verdure su sei fette. Coprire con le fette rimanenti e grigliare per 10 minuti. Girare e grigliare nuovamente per 5 minuti. Servire caldo.

Kebab alla menta

Ne fa 8

ingredienti

10 g di foglie di menta, tritate finemente

500 g di formaggio di capra, sgocciolato

2 cucchiaini di amido di mais

10 anacardi, tritati grossolanamente

½ cucchiaino di pepe nero macinato

1 cucchiaino di amchoor*

Sale a piacere

Olio vegetale raffinato per friggere

Metodo

- Mescolare tutti gli ingredienti tranne l'olio. Impastate fino ad ottenere un impasto morbido ma sodo. Dividetelo in 8 palline grandi quanto un limone e appiattitele.
- Scaldare l'olio in una padella. Friggere gli spiedini a fuoco medio fino a doratura.
- Servire caldo con chutney alla menta

Sevia Upma vegetale

(Spuntino con vermicelli di verdure)

4 porzioni

ingredienti

5 cucchiai di olio vegetale raffinato

1 peperone verde grande, tritato

¼ di cucchiaino di semi di senape

2 peperoni verdi, tagliati longitudinalmente

200 g/7 once di vermicelli

8 foglie di curry

Sale a piacere

Pizzico di assafetida

50 g di fagiolini francesi, tritati finemente

1 carota tritata

50 g di piselli surgelati

1 cipolla grande, tritata finemente

25 g/1 oncia scarsa di foglie di coriandolo, tritate finemente

Succo di 1 limone (facoltativo)

Metodo

- Scaldare 2 cucchiai di olio in una padella. Friggere il peperone per 2-3 minuti. Lasciato da parte.
- Scaldare 2 cucchiai di olio in un'altra padella. Aggiungi i semi di senape. Lasciali balbettare per 15 secondi.
- Aggiungere pepe verde e vermicelli. Friggere per 1-2 minuti a fuoco medio, mescolando di tanto in tanto. Aggiungere le foglie di curry, il sale e l'assafetida.
- Bagnare con un po' d'acqua e aggiungere i peperoni fritti, i fagioli, le carote, i piselli e la cipolla. Mescolare bene e cuocere per 3-4 minuti a fuoco medio.
- Coprite con un coperchio e fate cuocere per un altro minuto.
- Cospargere sopra le foglie di coriandolo e il succo di lime. Servire caldo con chutney di cocco

Bhel

(Snack di riso soffiato)

Serve da 4 a 6

ingredienti

2 patate grandi, bollite e tagliate a cubetti

2 cipolle grandi, tritate finemente

125 g di arachidi tostate

2 cucchiai di cumino macinato, tostato a secco

Miscela Bhel 300 g/10 once

Chutney di mango piccante e dolce da 250 g

Chutney di menta da 60 g

Sale a piacere

25 g/1 oncia scarsa di foglie di coriandolo, tritate

Metodo

- Mescolare patate, cipolle, arachidi e cumino in polvere con Bhel Mix. Aggiungere i chutney e il sale. Mescolare.
- Coprire con foglie di coriandolo. Servire immediatamente.

Sabudana Khichdi

(Snack di Sago con Patate e Arachidi)

6 porzioni

ingredienti

300 g/10 once di sago

250 ml/8 once fluide di acqua

250 g di arachidi, macinate grossolanamente

Sale a piacere

2 cucchiaini di zucchero raffinato

25 g/1 oncia scarsa di foglie di coriandolo, tritate

2 cucchiai di olio vegetale raffinato

1 cucchiaino di semi di cumino

5-6 peperoni verdi, tritati finemente

100 g di patate, cotte e tritate

Metodo

- Immergere il sago in acqua per una notte. Aggiungere le arachidi, il sale, lo zucchero semolato e le foglie di coriandolo e mescolare bene. Lasciato da parte.
- Scaldare l'olio in una padella. Aggiungi semi di cumino e peperoncini verdi. Friggere per circa 30 secondi.
- Aggiungere le patate e friggerle per 1-2 minuti a fuoco medio.
- Aggiungi la miscela di sago. Mescolare e mescolare bene.
- Coprite con un coperchio e fate cuocere a fuoco basso per 2-3 minuti. Servire caldo.

Dhokla semplice

(Torta semplice al forno)

Sono passate 25

ingredienti

250 g/9 once di chana dhal*, ammollato per una notte e scolato

2 peperoni verdi

1 cucchiaino di pasta di zenzero

Pizzico di assafetida

½ cucchiaino di bicarbonato di sodio

Sale a piacere

2 cucchiai di olio vegetale raffinato

½ cucchiaino di semi di senape

4-5 foglie di curry

4 cucchiai di cocco fresco, grattugiato

10 g di foglie di coriandolo, tritate

Metodo

- Macinare il dhal in una pasta densa. Lasciare fermentare per 6-8 ore.
- Aggiungere i peperoncini verdi, la pasta di zenzero, l'assafetida, il bicarbonato, il sale, 1 cucchiaio di olio e un po' d'acqua. Mescolare bene.
- Imburrare una tortiera rotonda da 20 cm e riempirla con l'impasto.
- Cuocere per 10-12 minuti. Lasciato da parte.
- Scaldare l'olio rimanente in una padella. Aggiungi i semi di senape e le foglie di curry. Lasciali balbettare per 15 secondi.
- Versalo sui dhokla. Decorare con cocco e foglie di coriandolo. Tagliare a pezzetti e servire caldo.

patata jaldi

4 porzioni

ingredienti

2 cucchiaini di olio vegetale raffinato

1 cucchiaino di semi di cumino

1 peperone verde tritato

½ cucchiaino di sale nero

1 cucchiaino di amchoor*

1 cucchiaino di coriandolo macinato

4 patate grandi, bollite e tagliate a cubetti

2 cucchiai di foglie di coriandolo, tritate

Metodo

- Scaldare l'olio in una padella. Aggiungere i semi di cumino e lasciarli scoppiettare per 15 secondi.
- Aggiungi tutti gli ingredienti rimanenti. Mescolare bene. Cuocere a fuoco basso per 3-4 minuti. Servire caldo.

Dhokla arancione

(Torta all'arancia cotta al vapore)

Sono passate 25

ingredienti

50 g di semola

Besan 250 g/9 once*

Crema pesante da 250 ml/8 fl oz

Sale a piacere

100 ml/3½ fl oz di acqua

4 spicchi d'aglio

1 cm/½ radice di zenzero

3-4 peperoni verdi

100 g di carote, grattugiate

¾ cucchiaino di bicarbonato di sodio

¼ cucchiaino di curcuma

Olio vegetale raffinato per ungere

1 cucchiaino di semi di senape

10-12 foglie di curry

50 g di cocco grattugiato

25 g/1 oncia scarsa di foglie di coriandolo, tritate finemente

Metodo

- Mescolare la semola, il besan, la panna, il sale e l'acqua. Lascia fermentare per una notte.
- Macinare l'aglio, lo zenzero e il peperoncino.
- Aggiungere all'impasto fermentato insieme alla carota, al bicarbonato e alla curcuma. Mescolare bene.
- Ungere con un filo d'olio una tortiera rotonda da 20 cm. Versare l'impasto al suo interno. Cuocere a vapore per circa 20 minuti. Lasciare raffreddare e tagliare a pezzetti.
- Scaldare un po' d'olio in una padella. Aggiungi i semi di senape e le foglie di curry. Friggere per 30 secondi. Versalo sui pezzi di dhokla.
- Decorare con cocco e foglie di coriandolo. Servire caldo.

cavolo muthia

(Nuggets di cavolo cappuccio al vapore)

4 porzioni

ingredienti

250 g/9 once di farina integrale

100 g di cavolo tritato

½ cucchiaino di pasta di zenzero

½ cucchiaino di pasta d'aglio

Sale a piacere

2 cucchiaini di zucchero

1 cucchiaio di succo di limone

2 cucchiai di olio vegetale raffinato

1 cucchiaino di semi di senape

1 cucchiaio di foglie di coriandolo tritate

Metodo

- Mescolare farina, cavolo, pasta di zenzero, pasta di aglio, sale, zucchero, succo di limone e 1 cucchiaio di olio. Impastate fino ad ottenere un impasto elastico.
- Con l'impasto ricavare 2 rotoli lunghi. Cuocere per 15 minuti. Lasciare raffreddare e tagliare a fette. Lasciato da parte.
- Scaldare l'olio rimanente in una padella. Aggiungi i semi di senape. Lasciali balbettare per 15 secondi.
- Aggiungere i panini affettati e friggerli a fuoco medio fino a doratura. Guarnire con foglie di coriandolo e servire caldo.

Rava Dhokla

(Torta di semolino al vapore)

Fa 15-18

ingredienti

200 g di semola

Crema pesante da 240 ml/8 fl oz

2 cucchiaini di pepe verde

Sale a piacere

1 cucchiaino di polvere di peperoncino rosso

1 cucchiaino di pepe nero macinato

Metodo

- Mescolare semola e panna acida. Fermentare per 5-6 ore.
- Aggiungere pepe verde e sale. Mescolare bene.
- Mettete il composto di semolino in una tortiera rotonda da 20 cm. Cospargere con peperoncino in polvere e pepe. Cuocere per 10 minuti.
- Tagliare a pezzetti e servire caldo con chutney alla menta

Chapatti Upma

(Spuntino veloce con chapati)

4 porzioni

ingredienti

6 chapati avanzati spezzati in piccoli pezzi

2 cucchiai di olio vegetale raffinato

¼ di cucchiaino di semi di senape

10-12 foglie di curry

1 cipolla media tritata

2-3 peperoni verdi, tritati

¼ cucchiaino di curcuma

1 succo di limone

1 cucchiaino di zucchero

Sale a piacere

10 g di foglie di coriandolo, tritate

Metodo

- Scaldare l'olio in una padella. Aggiungi i semi di senape. Lasciali balbettare per 15 secondi.
- Aggiungere le foglie di curry, la cipolla, il peperoncino e la curcuma. Rosolare a fuoco medio fino a quando la cipolla diventa marrone chiaro. Aggiungere i chapati.
- Cospargere succo di limone, zucchero e sale. Mescolare bene e cuocere a fuoco medio per 5 minuti. Guarnire con foglie di coriandolo e servire caldo.

Mung Dhokla

(Torta Mung bollita)

Ne fanno circa 20

ingredienti

250 g/9 once di mung dhal*, imbevuto per 2 ore

Crema pesante da 150 ml/5 fl oz

2 cucchiai di acqua

Sale a piacere

2 carote grattugiate o 25 g/tritato 1 oncia di cavolo tagliuzzato

Metodo

- Scolare il dhal e macinarlo.
- Aggiungere la panna e l'acqua e far lievitare per 6 ore. Aggiungete il sale e mescolate bene per ottenere l'impasto.
- Imburrare una tortiera rotonda da 20 cm e versarvi l'impasto. Cospargere con carote o cavoli. Cuocere a vapore per 7-10 minuti.
- Tagliare a pezzetti e servire con chutney alla menta

Braciola di manzo Mughlai

(Ricca braciola di manzo)

Sono passate le 12

ingredienti

1 cucchiaino di pasta di zenzero

1 cucchiaino di pasta d'aglio

Sale a piacere

500 g/1 libbra 2 once di agnello disossato, macinato

240 ml/8 once fluide di acqua

1 cucchiaio di cumino macinato

¼ cucchiaino di curcuma

Olio vegetale raffinato per friggere

2 uova sbattute

50 g di pangrattato

Metodo

- Mescolare la pasta di zenzero, la pasta di aglio e il sale. Marinare l'agnello con questo composto per 2 ore.
- In una padella, cuocere l'agnello con acqua a fuoco medio finché sarà tenero. Prenota il brodo e prenota l'agnello.
- Aggiungi cumino e curcuma al brodo. Mescolare bene.
- Trasferire il brodo in una padella e cuocere finché l'acqua non sarà evaporata. Marinare nuovamente l'agnello con questa miscela per 30 minuti.
- Scaldare l'olio in una padella. Immergere ogni pezzo di agnello nell'uovo sbattuto, passarlo nel pangrattato e friggerlo fino a doratura. Servire caldo.

Masala Vada

(Gnocco Fritto Piccante)

Sono passate le 15

ingredienti

300 g/10 once di chana dhal*, immerso in 500 ml/16 fl oz di acqua per 3-4 ore

50 g di cipolla tritata finemente

25 g/1 oncia scarsa di foglie di coriandolo, tritate

25 g/1 oncia scarsa di fronde di aneto, tritate finemente

½ cucchiaino di semi di cumino

Sale a piacere

3 cucchiai di olio vegetale raffinato, più extra per friggere

Metodo

- Macinare grossolanamente il dhal. Mescolare con tutti gli ingredienti tranne l'olio.
- Aggiungere 3 cucchiai di olio alla miscela dhal. Prepara delle polpette rotonde e piatte.
- Scaldare l'olio rimanente in una padella. Friggere gli hamburger. Servire caldo.

Cavolo Chivda

(Snack di cavolo cappuccio e riso battuto)

4 porzioni

ingredienti

100 g di cavolo cappuccio, tritato finemente

Sale a piacere

3 cucchiai di olio vegetale raffinato

125 g di arachidi

150 g di chana dhal*, arrosto

1 cucchiaino di semi di senape

Pizzico di assafetida

200 g/7 once di peso*, imbevuto d'acqua

1 cucchiaino di pasta di zenzero

4 cucchiaini di zucchero

1 cucchiaio e mezzo di succo di limone

25 g/1 oncia scarsa di foglie di coriandolo, tritate

Metodo

- Mescolare il cavolo con il sale e mettere da parte per 10 minuti.
- Scaldare 1 cucchiaio di olio in una padella. Friggere le arachidi e il chana dhal per 2 minuti a fuoco medio. Scolare e riservare.
- Scaldare l'olio rimanente in una padella. Friggere i semi di senape, l'assafetida e il cavolo per 2 minuti. Bagnate con un po' d'acqua, coprite con un coperchio e fate cuocere a fuoco basso per 5 minuti. Aggiungere poha, pasta di zenzero, zucchero, succo di limone e sale. Mescolare bene e cuocere per 10 minuti.
- Guarnire con foglie di coriandolo, arachidi fritte e dhal. Servire caldo.

Pane Besan Bhajji

(Pane e Farina di Ceci)

Sono le 32

ingredienti

Besan 175 g / 6 once*

1250 ml/5 once fluide di acqua

½ cucchiaino di semi di ajowan

Sale a piacere

Olio vegetale raffinato per friggere

8 fette di pane, divise a metà

Metodo

- Prepara una pastella densa mescolando il besan con l'acqua. Aggiungere i semi di ajowan e il sale. Batti bene.
- Scaldare l'olio in una padella. Immergere i pezzi di pane nella pastella e friggerli fino a doratura. Servire caldo.

Methi Seekh Kebab

(Spiedino di menta con foglie di fieno greco)

Fa da 8 a 10

ingredienti

100 g di foglie di fieno greco, tritate

3 patate grandi, bollite e schiacciate

1 cucchiaino di pasta di zenzero

1 cucchiaino di pasta d'aglio

4 peperoni verdi, tritati finemente

1 cucchiaino di cumino macinato

1 cucchiaino di coriandolo macinato

½ cucchiaino di garam masala

Sale a piacere

2 cucchiai di pangrattato

Olio vegetale raffinato per ungere

Metodo

- Mescolare tutti gli ingredienti tranne l'olio. Formare gli hamburger.
- Infilzare e cuocere su una griglia a carbone, ungendo con olio e girando di tanto in tanto. Servire caldo.

Jhinga Hariyali

(Gamberetti verdi)

Sono passate le 20

ingredienti

Sale a piacere

1 succo di limone

20 gamberi, sgusciati e venati (conservare la coda)

75 g di foglie di menta, tritate finemente

75 g di foglie di coriandolo, tritate

1 cucchiaino di pasta di zenzero

1 cucchiaino di pasta d'aglio

Pizzico di garam masala

1 cucchiaio di olio vegetale raffinato

1 cipolla piccola, affettata

Metodo

- Applicare sale e succo di limone sui gamberi. Mettere da parte per 20 minuti.
- Macina 50 g di foglie di menta, 50 g di foglie di coriandolo, pasta di zenzero, pasta di aglio e garam masala.
- Aggiungere ai gamberi e mettere da parte per 30 minuti. Cospargere l'olio sopra.
- Infilzare i gamberi e cuocerli sulla griglia a carbone, girandoli di tanto in tanto.
- Guarnire con il restante coriandolo, foglie di menta e cipolla affettata. Servire caldo.

Methi Adai

(Crêpe al fieno greco)

Fa 20-22

ingredienti

100 g di riso

100 g / 3½ once di urad dhal*

100 g / 3½ once di Mung Dhal*

100 g di chana dhal*

100 g / 3½ once di masoor dhal*

Pizzico di assafetida

6-7 foglie di curry

Sale a piacere

50 g di foglie di fieno greco fresche, tritate

Olio vegetale raffinato per ungere

Metodo

- Mettere a bagno insieme il riso e i dhal per 3-4 ore.
- Scolare il riso e il dhal e aggiungere l'assafetida, le foglie di curry e il sale. Macinare grossolanamente e lasciare fermentare per 7 ore. Aggiungi foglie di fieno greco.
- Ungere una padella e scaldarla. Aggiungere un cucchiaio del composto fermentato e spalmare fino a formare una frittella. Versare un po' d'olio attorno ai bordi e cuocere a fuoco medio per 3-4 minuti. Girare e cuocere per altri 2 minuti.
- Ripetere per il resto dell'impasto. Servire caldo con chutney di cocco

Chaat di piselli

4 porzioni

ingredienti

2 cucchiaini di olio vegetale raffinato

½ cucchiaino di semi di cumino

300 g di piselli in scatola

½ cucchiaino di amchoor*

¼ cucchiaino di curcuma

¼ cucchiaino di garam masala

1 cucchiaino di succo di limone

5 cm/2 pollici Radice di zenzero, sbucciata e tagliata a julienne

Metodo

- Scaldare l'olio in una padella. Aggiungere i semi di cumino e lasciarli scoppiettare per 15 secondi. Aggiungere i piselli, l'amchoor, la curcuma e il garam masala. Mescolare bene e cuocere per 2-3 minuti, mescolando di tanto in tanto.
- Guarnire con succo di limone e zenzero. Servire caldo.

Shingada

(Bengalese salato)

Fa da 8 a 10

ingredienti

2 cucchiai di olio vegetale raffinato, più extra per friggere

1 cucchiaino di semi di cumino

200 g di piselli cotti

2 patate, cotte e tritate

1 cucchiaino di coriandolo macinato

Sale a piacere

Per la pasticceria:

350 g/12 once di farina bianca normale

¼ cucchiaino di sale

Un po' d'acqua

Metodo

- Scaldare 2 cucchiai di olio in una padella. Aggiungi i semi di cumino. Lasciali balbettare per 15 secondi. Aggiungere i piselli, le patate, il coriandolo macinato e il sale. Mescolare bene e friggere a fuoco medio per 5 minuti. Lasciato da parte.
- Prepara dei coni di pasta con gli ingredienti dell'impasto, come nella ricetta del Samosa di patate. Riempire i coni con il composto di verdure e sigillare.
- Scaldare l'olio rimanente in una padella. Friggere i coni a fuoco medio fino a doratura. Servire caldo con chutney alla menta

Bhajia della cipolla

(Gnocchi Di Cipolla)

Sono passate le 20

ingredienti

Besan 250 g/9 once*

4 cipolle grandi, tagliate a fettine sottili

Sale a piacere

½ cucchiaino di zafferano

150 ml/5 once fluide di acqua

Olio vegetale raffinato per friggere

Metodo

- Mescolare besan, cipolla, sale e curcuma. Aggiungere acqua e mescolare bene.
- Scaldare l'olio in una padella. Aggiungete cucchiaiate del composto e friggete fino a doratura. Scolare su carta assorbente e servire caldo.

Bagani Murgh

(Pollo in pasta di anacardi)

Sono passate le 12

ingredienti

500 g di pollo disossato, tritato

1 cipolla piccola, affettata

1 pomodoro a fette

1 cetriolo a fette

1 cucchiaino di pasta di zenzero

1 cucchiaino di pasta d'aglio

2 peperoni verdi, tritati

10 g di foglie di menta, macinate

10 g di foglie di coriandolo, macinate

Sale a piacere

Per la marinata:

6-7 anacardi ridotti in pasta

2 cucchiai di panna liquida

Metodo

- Mescolare gli ingredienti della marinata. Marinare il pollo in questa miscela per 4-5 ore.
- Infilzare e cuocere su una griglia a carbone, girando di tanto in tanto.
- Guarnire con cipolla, pomodoro e cetriolo. Servire caldo.

Tikki di patate

(polpette di patate)

Sono passate le 12

ingredienti

4 patate grandi, bollite e schiacciate

1 cucchiaino di pasta di zenzero

1 cucchiaino di pasta d'aglio

1 succo di limone

1 cipolla grande, tritata finemente

25 g/1 oncia scarsa di foglie di coriandolo, tritate

¼ cucchiaino di peperoncino in polvere

Sale a piacere

2 cucchiai di farina di riso

3 cucchiai di olio vegetale raffinato

Metodo

- Mescolare le patate con pasta di zenzero, pasta di aglio, succo di limone, cipolla, foglie di coriandolo, peperoncino in polvere e sale. Impastare bene. Formare gli hamburger.
- Cospargete gli hamburger con farina di riso.
- Scaldare l'olio in una padella. Friggere gli hamburger a fuoco medio fino a doratura. Scolare e servire caldo con chutney alla menta.

Vada Patata

(Impasto Per Gnocchi Di Patate Fritte)

Fa 12-14

ingredienti

1 cucchiaino di olio vegetale raffinato, più extra per friggere

½ cucchiaino di semi di senape

½ cucchiaino di urad dhal*

½ cucchiaino di zafferano

5 patate, bollite e schiacciate

Sale a piacere

1 succo di limone

Besan 250 g/9 once*

Pizzico di assafetida

120 ml/4 once fluide di acqua

Metodo

- Scaldare 1 cucchiaino di olio in una padella. Aggiungi semi di senape, urad dhal e curcuma. Lasciali balbettare per 15 secondi.
- Versare sopra le patate. Aggiungete anche sale e succo di limone. Mescolare bene.
- Dividete il composto di patate in palline grandi quanto una noce. Lasciato da parte.
- Mescolare besan, assafetida, sale e acqua per preparare l'impasto.
- Scaldare l'olio rimanente in una padella. Immergere le polpette di patate nella pastella e friggerle fino a doratura. Scolare e servire con chutney alla menta.

Mini kebab di pollo

Ne fa 8

ingredienti

350 g di pollo tritato

125 g di besan*

1 cipolla grande, tritata finemente

½ cucchiaino di pasta di zenzero

½ cucchiaino di pasta d'aglio

1 cucchiaino di succo di limone

¼ di cucchiaino di cardamomo verde in polvere

1 cucchiaio di foglie di coriandolo tritate

Sale a piacere

1 cucchiaio di semi di sesamo

Metodo

- Mescolare tutti gli ingredienti tranne i semi di sesamo.
- Dividete il composto in piccole palline e cospargetele con semi di sesamo.
- Cuocere in forno a 190ºC (375ºF, Gas Mark 5) per 25 minuti. Servire caldo con chutney alla menta.

Polpetta di lenticchie

Sono passate le 12

ingredienti

2 cucchiai di olio vegetale raffinato, più un extra per friggere poco profonde

2 cipolle piccole, tritate finemente

2 carote, tritate finemente

600 g / 1 libbra 5 once di masoor dhal*

500 ml/16 once fluide di acqua

2 cucchiai di coriandolo macinato

Sale a piacere

25 g/1 oncia scarsa di foglie di coriandolo, tritate

100 g di pangrattato

2 cucchiai di farina bianca semplice

1 uovo sbattuto

Metodo

- Scaldare 1 cucchiaio di olio in una padella. Aggiungere la cipolla e la carota e soffriggere a fuoco medio per 2-3 minuti, mescolando continuamente. Aggiungere masoor dhal, acqua, coriandolo macinato e sale. Cuocere per 30 minuti, mescolando.
- Aggiungete le foglie di coriandolo e metà del pangrattato. Mescolare bene.
- Formare dei salsicciotti e ricoprirli di farina. Passate le polpette nell'uovo sbattuto e passatele nel restante pangrattato. Lasciato da parte.
- Riscaldare l'olio rimanente. Friggere le polpette fino a doratura, girandole una volta. Servire caldo con chutney verde di cocco.

Poha nutriente

4 porzioni

ingredienti

1 cucchiaio di olio vegetale raffinato

125 g di arachidi

1 cipolla tritata finemente

¼ cucchiaino di curcuma

Sale a piacere

1 patata, cotta e tritata

200 g/7 once di peso*, ammollato per 5 minuti e scolato

1 cucchiaino di succo di limone

1 cucchiaio di foglie di coriandolo tritate

Metodo

- Scaldare l'olio in una padella. Soffriggere le arachidi, la cipolla, la curcuma e il sale a fuoco medio per 2-3 minuti.
- Aggiungi patate e poha. Friggere a fuoco basso fino a che liscio.
- Decorare con succo di limone e foglie di coriandolo. Servire caldo.

Fagioli Usali

(Fagioli in salsa piccante)

4 porzioni

ingredienti

300 g/10 once di masoor dhal*, ammollato in acqua calda per 20 minuti

¼ cucchiaino di curcuma

Sale a piacere

50 g di fagiolini francesi, tritati finemente

240 ml/8 once fluide di acqua

1 cucchiaio di olio vegetale raffinato

¼ di cucchiaino di semi di senape

Alcune foglie di curry

Sale a piacere

Metodo

- Mescolare dhal, curcuma e sale. Macinare fino ad ottenere una pasta densa.
- Cuocere per 20-25 minuti. Lasciare raffreddare per 20 minuti. Sbriciolare il composto con le dita. Lasciato da parte.
- Cuocere i fagiolini con acqua e un po' di sale in una padella a fuoco medio fino a quando saranno morbidi. Lasciato da parte.
- Scaldare l'olio in una padella. Aggiungi i semi di senape. Lasciali balbettare per 15 secondi. Aggiungere le foglie di curry e il dhal sbriciolato.
- Friggere per circa 3-4 minuti a fuoco medio fino a quando saranno morbidi. Aggiungete i fagioli cotti e mescolate bene. Servire caldo.

Chutney di pane Pakoda

4 porzioni

ingredienti

Besan 250 g/9 once*

150 ml/5 once fluide di acqua

½ cucchiaino di semi di ajowan

125 g di chutney di menta

12 fette di pane

Olio vegetale raffinato per friggere

Metodo

- Mescolare il besan con acqua per ottenere una pastella con la consistenza di un preparato per pancake. Aggiungere i semi di ajowan e frullare leggermente. Lasciato da parte.
- Distribuire il chutney alla menta su una fetta di pane e adagiarne un'altra sopra. Ripetere per tutte le fette di pane. Tagliateli a metà in diagonale.
- Scaldare l'olio in una padella. Immergere i panini nella pastella e friggerli a fuoco medio fino a doratura. Servire caldo con ketchup.

Delizia di Methi Khakra

(Spuntino al fieno greco)

16

ingredienti

50 g di foglie di fieno greco fresche, tritate finemente

300 g/10 once di farina integrale

1 cucchiaino di peperoncino in polvere

¼ cucchiaino di curcuma

½ cucchiaino di coriandolo macinato

1 cucchiaio di olio vegetale raffinato

Sale a piacere

120 ml/4 once fluide di acqua

Metodo

- Mescola tutti gli ingredienti insieme. Impastate fino ad ottenere un impasto morbido ma sodo.
- Dividete l'impasto in 16 palline grandi quanto un limone. Stendere dei dischi molto sottili.
- Scaldare una padella piatta. Disporre i dischi sulla teglia e cuocerli finché non diventano croccanti. Ripeti dall'altra parte. Conservare in un contenitore ermetico.

Braciola Verde

Sono passate le 12

ingredienti

200 g/7 once di spinaci, tritati finemente

4 patate bollite e schiacciate

200 g/7 once di mung dhal*, cotto e schiacciato

25 g/1 oncia scarsa di foglie di coriandolo, tritate

2 peperoni verdi, tritati

1 cucchiaino di garam masala

1 cipolla grande, tritata finemente

Sale a piacere

1 cucchiaino di pasta d'aglio

1 cucchiaino di pasta di zenzero

Olio vegetale raffinato per friggere

Pangrattato 250 g / 9 once

Metodo

- Mescolare gli spinaci e le patate. Aggiungere mung dhal, foglie di coriandolo, peperoncini verdi, garam masala, cipolla, sale, pasta di aglio e pasta di zenzero. Impastare bene.
- Dividete il composto in porzioni grandi quanto una noce e modellate con ciascuna delle cotolette.
- Scaldare l'olio in una padella. Arrotolare le cotolette nel pangrattato e friggerle fino a doratura. Servire caldo.

Handvo

(Torta Salata Di Semolino)

4 porzioni

ingredienti

100 g di semola

125 g di besan*

200 g di yogurt

25 g/1 oncia di zucca sparsa, grattugiata

1 carota grattugiata

25 g/scarsi 1 oncia di piselli

½ cucchiaino di zafferano

½ cucchiaino di peperoncino in polvere

½ cucchiaino di pasta di zenzero

½ cucchiaino di pasta d'aglio

1 peperone verde, tritato

Sale a piacere

Pizzico di assafetida

½ cucchiaino di bicarbonato di sodio

4 cucchiai di olio vegetale raffinato

¾ cucchiaino di semi di senape

½ cucchiaino di semi di sesamo

Metodo

- Mescolare in una padella il semolino, il besan e lo yogurt. Aggiungere la zucca grattugiata, la carota e i piselli.
- Aggiungere la curcuma, il peperoncino in polvere, la pasta di zenzero, la pasta di aglio, i peperoncini verdi, il sale e l'assafetida per preparare la pastella. Dovrà avere la consistenza dell'impasto per una torta. In caso contrario aggiungete qualche cucchiaio di acqua.
- Aggiungere il bicarbonato di sodio e mescolare bene. Lasciato da parte.
- Scaldare l'olio in una padella. Aggiungi senape e semi di sesamo. Lasciali balbettare per 15 secondi.
- Versare l'impasto nella padella. Coprite con un coperchio e fate cuocere a fuoco basso per 10-12 minuti.
- Scoprire e girare con cura l'impasto con una spatola. Coprite nuovamente e fate cuocere a fuoco basso per altri 15 minuti.
- Forare con una forchetta per verificare se è pronto. Se cotta la forchetta esce pulita. Servire caldo.

Ghugra

(Mezzaluna con Centri di Verdure Salate)

4 porzioni

ingredienti

5 cucchiai di olio vegetale raffinato, più extra per friggere

Pizzico di assafetida

400 g di piselli in scatola, macinati

250 ml/8 once fluide di acqua

Sale a piacere

5 cm/2 pollici Radice di zenzero, tritata finemente

2 cucchiaini di succo di limone

1 cucchiaio di foglie di coriandolo tritate

350 g/12 once di farina integrale

Metodo

- Scaldare 2 cucchiai di olio in una padella. Aggiungi l'assafetida. Quando scoppierà aggiungere i piselli e 120 ml di acqua. Cuocere a fuoco medio per 3 minuti.

- Aggiungere il sale, lo zenzero e il succo di limone. Mescolare bene e cuocere per altri 5 minuti.

Cospargere le foglie di coriandolo sopra e mettere da parte.

- Impastare la farina con il sale, la restante acqua e 3 cucchiai di olio. Dividere in palline e stendere dei dischi rotondi di 10 cm / 10 cm di diametro.

- Mettete un po' del composto di piselli su ogni disco in modo che metà del disco sia ricoperto dal composto. Piega l'altra metà per formare una "D". Sigillare premendo insieme i bordi.

- Riscaldare l'olio. Friggere i ghugra a fuoco medio fino a doratura. Servire caldo.

Polpette Di Verdure

Sono passate le 12

ingredienti

2 cucchiai di polvere di radice di freccia

4-5 patate grandi, bollite e grattugiate

1 cucchiaio di olio vegetale raffinato, più extra per friggere

125 g di besan*

25 g/1 oncia scarsa di cocco fresco, grattugiato

4-5 anacardi

3-4 uvetta

125 g di piselli surgelati, bolliti

2 cucchiaini di semi di melograno essiccati

2 cucchiaini di coriandolo macinato grossolanamente

1 cucchiaino di semi di finocchio

½ cucchiaino di pepe nero macinato

½ cucchiaino di peperoncino in polvere

1 cucchiaino di amchoor*

½ cucchiaino di salgemma

Sale a piacere

Metodo

- Impastare l'arrowroot, le patate e 1 cucchiaio di olio. Lasciato da parte.

- Per preparare il ripieno, mescolare gli altri ingredienti, escluso l'olio d'oliva.

- Dividete l'impasto di patate in polpette rotonde. Mettete al centro di ogni hamburger un cucchiaio di ripieno. Sigillateli come un sacchetto e appiattiteli.

- Scaldare l'olio rimanente in una padella. Friggere gli hamburger a fuoco basso fino a doratura. Servire caldo.

Fagioli germogliati di Bhel

(Snack Salato con Fagioli Germogliati)

4 porzioni

ingredienti

100 g di fagioli mung germogliati, bolliti

Kaala chana da 250 g/9 once*, bollito

3 patate grandi, bollite e tritate

2 pomodori grandi, tritati finemente

1 cipolla media tritata

Sale a piacere

Per la rifinitura:

2 cucchiai di chutney di menta

2 cucchiai di chutney di mango piccante e dolce

4-5 cucchiai di yogurt

100 g di patatine fritte, tritate

10 g di foglie di coriandolo, tritate

Metodo

- Mescolare tutti gli ingredienti tranne quelli per guarnire.
- Guarnire nell'ordine in cui sono elencati gli ingredienti. Servire immediatamente.

Aloo Kachori

(Gnocco di patate fritte)

Sono passate le 15

ingredienti

350 g/12 once di farina integrale

1 cucchiaio di olio vegetale raffinato, più extra per friggere

1 cucchiaino di semi di ajowan

Sale a piacere

5 patate, bollite e schiacciate

2 cucchiaini di peperoncino in polvere

1 cucchiaio di foglie di coriandolo tritate

Metodo

- Impastare la farina, 1 cucchiaio di olio, i semi di ajowan e il sale. Dividetelo in palline grandi quanto un limone. Appiattiteli ciascuno tra i palmi delle mani e metteteli da parte.
- Mescolare patate, peperoncino in polvere, foglie di coriandolo e un po' di sale.
- Mettete una porzione di questo composto al centro di ogni hamburger. Sigillare unendo i bordi.
- Scaldare l'olio in una padella. Friggere i kachori a fuoco medio fino a doratura. Scolare e servire caldo.

Dieta Dosa

(Crêpe dietetica)

Sono passate le 12

ingredienti

300 g/10 once di mung dhal*, immerso in 250 ml/8 fl oz di acqua per 3-4 ore

3-4 peperoni verdi

2,5 cm/1 pollice Radice di zenzero

100 g di semola

1 cucchiaio di panna

50 g di foglie di coriandolo, tritate

6 foglie di curry

Olio vegetale raffinato per ungere

Sale a piacere

Metodo

- Mescolare il dhal con peperoncini verdi e zenzero. Macinare insieme.
- Aggiungi semola e panna acida. Mescolare bene. Aggiungere le foglie di coriandolo, le foglie di curry e abbastanza acqua per ottenere una pastella densa.

- Ungere una padella piatta e scaldarla. Versateci sopra 2 cucchiai di impasto e stendetelo con il dorso di un cucchiaio. Cuocere per 3 minuti a fuoco basso. Gira e ripeti.
- Ripetere l'operazione per l'impasto rimanente. Servire caldo.

Rullo Nutri

Fa da 8 a 10

ingredienti

200 g/7 once di spinaci, tritati finemente

1 carota tritata

125 g di piselli surgelati

50 g di fagioli mung germogliati

3-4 patate grandi, bollite e schiacciate

2 cipolle grandi, tritate finemente

½ cucchiaino di pasta di zenzero

½ cucchiaino di pasta d'aglio

1 peperone verde, tritato

½ cucchiaino di amchoor*

Sale a piacere

½ cucchiaino di peperoncino in polvere

3 cucchiai di foglie di coriandolo, tritate finemente

Olio vegetale raffinato per fritture poco profonde

Da 8 a 10 chapati

2 cucchiai di chutney di mango piccante e dolce

Metodo

- Cuocere a vapore gli spinaci, le carote, i piselli e i fagioli mung.
- Mescolare le verdure al vapore con patate, cipolle, pasta di zenzero, pasta di aglio, peperoncino verde, amchoor, sale, peperoncino in polvere e foglie di coriandolo. Impastate bene fino ad ottenere un composto omogeneo.
- Formate con il composto delle piccole polpette.
- Scaldare l'olio in una padella. Friggere le costolette a fuoco medio fino a doratura. Scolare e riservare.
- Distribuisci un po' di chutney di mango caldo e dolce su un chapatti. Disporre al centro una cotoletta e arrotolare il chapati.
- Ripetere per tutti i chapati. Servire caldo.

Sabudana Palak Doodhi Uttapam

(Pancake con sago, spinaci e zucca in bottiglia)

Sono passate le 20

ingredienti

1 cucchiaino di toor dhal*

1 cucchiaino di mung dhal*

1 cucchiaino di fagioli urad*

1 cucchiaino di masoor dhal*

3 cucchiaini di riso

100 g di sago, macinato grossolanamente

50 g di spinaci, cotti al vapore e macinati

¼ di zucca da bottiglia*, Grato

125 g di besan*

½ cucchiaino di cumino macinato

1 cucchiaino di foglie di menta, tritate finemente

1 peperone verde, tritato

½ cucchiaino di pasta di zenzero

Sale a piacere

100 ml/3½ fl oz di acqua

Olio vegetale raffinato per friggere

Metodo

- Macina insieme il toor dhal, il mung dhal, i fagioli urad, il masoor dhal e il riso. Lasciato da parte.
- Immergere il sago per 3-5 minuti. Scolare completamente.
- Mescolare con il dhal macinato e la miscela di riso.
- Aggiungere gli spinaci, la zucca in bottiglia, il besan, il cumino macinato, le foglie di menta, i peperoncini verdi, la pasta di zenzero, il sale e abbastanza acqua per ottenere una pastella densa. Mettere da parte per 30 minuti.
- Ungere una padella e scaldarla. Versare 1 cucchiaio di impasto nella padella e stenderlo con il dorso di un cucchiaio.
- Coprire e cuocere a fuoco medio fino a quando la parte inferiore diventa marrone chiaro. Gira e ripeti.
- Ripetere l'operazione per l'impasto rimanente. Servire caldo con ketchup o chutney di cocco verde

Poha

4 porzioni

ingredienti

150 g/5½ once di poha*

1 cucchiaio e mezzo di olio vegetale raffinato

½ cucchiaino di semi di cumino

½ cucchiaino di semi di senape

1 patata grande, tritata finemente

2 cipolle grandi, affettate finemente

5-6 peperoni verdi, tritati finemente

8 foglie di curry, tritate grossolanamente

¼ cucchiaino di curcuma

45 g di arachidi tostate (facoltativo)

25 g/scadente 1 oncia di cocco fresco, grattugiato o in scaglie

10 g di foglie di coriandolo, tritate finemente

1 cucchiaino di succo di limone

Sale a piacere

Metodo

- Lavare bene il poha. Scolare completamente l'acqua e conservare la poha in uno scolapasta per 15 minuti.
- Allenta delicatamente i semi di poha con le dita. Lasciato da parte.
- Scaldare l'olio in una padella. Aggiungi cumino e semi di senape. Lasciali balbettare per 15 secondi.
- Aggiungere le patate tritate. Friggere a fuoco medio per 2-3 minuti. Aggiungere cipolla, peperoncini verdi, foglie di curry e curcuma. Cuocere fino a quando le cipolle saranno traslucide. Togliere dal fuoco.
- Aggiungere poha, arachidi tostate e metà del cocco grattugiato e delle foglie di coriandolo. Mescolare bene.
- Cospargere il succo di limone e il sale. Cuocere a fuoco basso per 4-5 minuti.
- Guarnire con il cocco rimanente e le foglie di coriandolo. Servire caldo.

Trito Di Verdure

Fa 10-12

ingredienti

2 cipolle, tritate finemente

5 spicchi d'aglio

¼ cucchiaino di semi di finocchio

2-3 peperoni verdi

10 g di foglie di coriandolo, tritate finemente

2 carote grandi, tritate finemente

1 patata grande, tritata finemente

1 piccola barbabietola, tritata finemente

50 g di fagiolini francesi, tritati finemente

50 g di piselli verdi

900 ml/1½ pinte di acqua

Sale a piacere

¼ cucchiaino di curcuma

2-3 cucchiai di besan*

1 cucchiaio di olio vegetale raffinato, più extra per friggere

50 g di pangrattato

Metodo

- Macinare 1 cipolla, l'aglio, i semi di finocchio, il peperoncino e le foglie di coriandolo fino ad ottenere una pasta liscia. Lasciato da parte.
- Mescolare in una padella la carota, la patata, la barbabietola, i fagiolini e i piselli. Aggiungere 500 ml di acqua, sale e zafferano e cuocere a fuoco medio fino a quando le verdure saranno tenere.
- Schiacciare bene le verdure e mettere da parte.
- Mescolare il besan e l'acqua rimanente fino a formare un impasto liscio. Lasciato da parte.
- Scaldare 1 cucchiaio di olio in una padella. Aggiungere la cipolla rimanente e friggere finché non diventa traslucida.
- Aggiungere la cipolla e la pasta d'aglio e soffriggere per un minuto a fuoco medio, mescolando continuamente.
- Aggiungete la purea di verdure e mescolate bene.
- Togliere dal fuoco e lasciare raffreddare.
- Dividete questo composto in 10-12 palline. Appiattisci tra i palmi delle mani per preparare gli hamburger.
- Immergere gli hamburger nella pastella e passarli nel pangrattato.
- Scaldare l'olio in una padella. Friggere gli hamburger fino a doratura su entrambi i lati.
- Servire caldo con ketchup.

Uppit di fagioli di soia

(Spuntino alla soia)

4 porzioni

ingredienti

1 cucchiaio e mezzo di olio vegetale raffinato

½ cucchiaino di semi di senape

2 peperoni verdi, tritati

2 peperoni rossi, tritati

Pizzico di assafetida

1 cipolla grande, tritata finemente

2,5 cm/1 pollice Dalla radice di zenzero, julienne

10 spicchi d'aglio tritati

6 foglie di curry

100 g di semola di soia*, tostato a secco

100 g di semola tostata a secco

200 g di piselli

500 ml di acqua calda

¼ cucchiaino di curcuma

1 cucchiaino di zucchero

1 cucchiaino di sale

1 pomodoro grande, tritato

2 cucchiai di foglie di coriandolo, tritate finemente

15 uvetta

10 anacardi

Metodo

- Scaldare l'olio in una padella. Aggiungi i semi di senape. Lasciali balbettare per 15 secondi.
- Aggiungere peperoncino verde, peperoncino rosso, assafetida, cipolla, zenzero, aglio e foglie di curry. Friggere a fuoco medio per 3-4 minuti, mescolando continuamente.
- Aggiungere la farina di soia, il semolino e i piselli. Cuocere fino a quando entrambi i tipi di semola saranno dorati.
- Aggiungere acqua calda, zafferano, zucchero e sale. Cuocere a fuoco medio finché l'acqua non si sarà asciugata.
- Guarnire con pomodoro, foglie di coriandolo, uvetta e anacardi.
- Servire caldo.

Upma

(Piatto di semolino per colazione)

4 porzioni

ingredienti

1 cucchiaio di burro chiarificato

150 g di semola

1 cucchiaio di olio vegetale raffinato

¼ di cucchiaino di semi di senape

1 cucchiaino di urad dhal*

3 peperoni verdi, tagliati longitudinalmente

8-10 foglie di curry

1 cipolla di media grandezza, tritata finemente

1 pomodoro di media grandezza, tritato

750 ml/1¼ pinte di acqua

1 cucchiaino di zucchero

Sale a piacere

50 g di piselli in scatola (opzionali)

25 g/1 oncia scarsa di foglie di coriandolo, tritate finemente

Metodo

- Scaldare il burro chiarificato in una padella. Aggiungere il semolino e friggere, mescolando continuamente, finché il semolino non diventa dorato. Lasciato da parte.
- Scaldare l'olio in una padella. Aggiungi semi di senape, urad dhal, peperoncini verdi e foglie di curry. Friggere fino a quando l'urad dhal diventa marrone.
- Aggiungere la cipolla e soffriggere a fuoco basso fino a quando diventa traslucida. Aggiungere il pomodoro e soffriggere per altri 3-4 minuti.
- Aggiungere acqua e mescolare bene. Cuocere a fuoco medio fino a quando il composto inizia a bollire. Agitare bene.
- Aggiungere lo zucchero, il sale, la semola e i piselli. Mescolare bene.
- Cuocere a fuoco basso, mescolando continuamente per 2-3 minuti.
- Decorare con foglie di coriandolo. Servire caldo.

Vermicelli Upma

(Vermicelli con Cipolla)

4 porzioni

ingredienti

3 cucchiai di olio vegetale raffinato

1 cucchiaino di mung dhal*

1 cucchiaino di urad dhal*

¼ di cucchiaino di semi di senape

8 foglie di curry

10 noccioline

10 anacardi

1 patata media, tritata finemente

1 carota grande, tritata finemente

2 peperoni verdi, tritati

1 cm/½ radice di zenzero, tritata finemente

1 cipolla grande, tritata finemente

1 pomodoro, tritato

50 g di piselli surgelati

Sale a piacere

1 litro di acqua

200 g/7 once di vermicelli

2 cucchiai di burro chiarificato

Metodo

- Scaldare l'olio in una padella. Aggiungi mung dhal, urad dhal, semi di senape e foglie di curry. Lasciali balbettare per 30 secondi.
- Aggiungi arachidi e anacardi. Friggere a fuoco medio fino a doratura.
- Aggiungere la patata e la carota. Friggere per 4-5 minuti.
- Aggiungere pepe, zenzero, cipolla, pomodoro, piselli e sale. Cuocere a fuoco medio, mescolando continuamente, fino a quando le verdure saranno morbide.
- Aggiungete l'acqua e lasciate bollire. Agitare bene.
- Aggiungete i vermicelli, mescolando continuamente per evitare che si formino grumi.
- Coprite con un coperchio e fate cuocere a fuoco basso per 5-6 minuti.
- Aggiungere il burro chiarificato e mescolare bene. Servire caldo.

Bonda

(Cotoletta di patate)

Ne fa 10

ingredienti

5 cucchiai di olio vegetale raffinato, più extra per friggere

½ cucchiaino di semi di senape

2,5 mm/1 pollice Radice di zenzero, tritata finemente

2 peperoni verdi, tritati

50 g di foglie di coriandolo, tritate finemente

1 cipolla grande, tritata finemente

4 patate di media grandezza, bollite e schiacciate

1 carota grande, tritata finemente e bollita

125 g di piselli in scatola

Pizzico di zafferano

Sale a piacere

1 cucchiaino di succo di limone

Besan 250 g/9 once*

200 ml/7 fl oz di acqua

½ cucchiaino di lievito

Metodo

- Scaldare 4 cucchiai di olio in una padella. Aggiungere i semi di senape, lo zenzero, i peperoncini verdi, le foglie di coriandolo e la cipolla. Friggere a fuoco medio, mescolando di tanto in tanto, finché la cipolla non diventa dorata.
- Aggiungere le patate, le carote, i piselli, la curcuma e il sale. Cuocere a fuoco basso per 5-6 minuti, mescolando di tanto in tanto.
- Irrorate con il succo di limone e dividete il composto in 10 palline. Lasciato da parte.
- Mescolare besan, acqua e lievito con 1 cucchiaio di olio per formare l'impasto.
- Scaldare l'olio in una padella. Immergere ogni pallina di patate nella pastella e friggerle a fuoco medio fino a doratura.
- Servire caldo.

Dhokla istantaneo

(Torta salata cotta al vapore istantanea)

Fa 15-20

ingredienti

Besan 250 g/9 once*

1 cucchiaino di sale

2 cucchiai di zucchero

2 cucchiai di olio vegetale raffinato

½ cucchiaio di succo di limone

240 ml/8 once fluide di acqua

1 cucchiaio di lievito in polvere

1 cucchiaino di semi di senape

2 peperoni verdi, tagliati longitudinalmente

Alcune foglie di curry

1 cucchiaio di acqua

2 cucchiai di foglie di coriandolo, tritate finemente

1 cucchiaio di cocco fresco, grattugiato

Metodo

- Mescolare il besan, il sale, lo zucchero, 1 cucchiaio di olio, il succo di limone e l'acqua fino ad ottenere una pastella liscia.
- Imburrare una tortiera rotonda da 20 cm.
- Aggiungere il lievito all'impasto. Mescolare bene e versare subito nella teglia unta. Cuocere per 20 minuti.
- Forare con una forchetta per verificare se è pronto. Se la forchetta non esce pulita, cuocere nuovamente a vapore per 5-10 minuti. Lasciato da parte.
- Scaldare l'olio rimanente in una padella. Aggiungi i semi di senape. Lasciali balbettare per 15 secondi.
- Aggiungere peperoncini verdi, foglie di curry e acqua. Cuocere a fuoco basso per 2 minuti.
- Versare questo composto sul dhokla e lasciare che assorba il liquido.
- Decorare con foglie di coriandolo e cocco grattugiato.
- Tagliare a quadratini e servire con chutney alla menta

Dhal Maharani

(Lenticchie nere e fagioli rossi)

4 porzioni

ingredienti

150 g / 5½ once di urad dhal*

2 cucchiai di fagioli rossi

1,4 litri / 2½ litri di acqua

Sale a piacere

1 cucchiaio di olio vegetale raffinato

½ cucchiaino di semi di cumino

1 cipolla grande, tritata finemente

3 pomodori di media grandezza, tagliati

1 cucchiaino di pasta di zenzero

½ cucchiaino di pasta d'aglio

½ cucchiaino di peperoncino in polvere

½ cucchiaino di garam masala

120 ml/4 fl oz panna fresca singola

Metodo

- Immergere insieme l'urad dhal e i fagioli rossi durante la notte. Scolatele e fatele cuocere in padella con acqua e sale per 1 ora a fuoco medio. Lasciato da parte.
- Scaldare l'olio in una padella. Aggiungi i semi di cumino. Lasciali balbettare per 15 secondi.
- Aggiungere la cipolla e friggere a fuoco medio fino a doratura.
- Aggiungere i pomodori. Mescolare bene. Aggiungere la pasta di zenzero e la pasta d'aglio. Friggere per 5 minuti.
- Aggiungere il composto di dhal e fagioli cotti, peperoncino in polvere e garam masala. Mescolare bene.
- Aggiungere la panna. Cuocere per 5 minuti, mescolando continuamente.
- Servire caldo con naan o riso al vapore

Milagu Kuzhambu

(Dividi il grammo rosso in una salsa di peperoncino)

4 porzioni

ingredienti

2 cucchiaini di burro chiarificato

2 cucchiaini di semi di coriandolo

1 cucchiaio di pasta di tamarindo

1 cucchiaino di pepe nero macinato

¼ cucchiaino di assafetida

Sale a piacere

1 cucchiaio di to dhal*, cucinato

1 litro di acqua

¼ di cucchiaino di semi di senape

1 peperone verde tritato

¼ cucchiaino di curcuma

10 foglie di curry

Metodo

- Scaldate qualche goccia di burro chiarificato in una padella. Aggiungere i semi di coriandolo e friggere a fuoco medio per 2 minuti. Raffreddare e macinare.
- Mescolare con pasta di tamarindo, pepe, assafetida, sale e dhal in una padella capiente.
- Aggiungi l'acqua. Mescolare bene e portare ad ebollizione a fuoco medio. Lasciato da parte.
- Scaldare il burro chiarificato rimanente in una padella. Aggiungere i semi di senape, i peperoncini verdi, la curcuma e le foglie di curry. Lasciali balbettare per 15 secondi.
- Aggiungi questo al dhal. Servire caldo.

Dhal Hariyali

(Verdure in foglia con grammo del Bengala spezzato)

4 porzioni

ingredienti

300 g/10 once di dhal*

1,4 litri / 2½ litri di acqua

Sale a piacere

2 cucchiai di burro chiarificato

1 cucchiaino di semi di cumino

1 cipolla tritata finemente

½ cucchiaino di pasta di zenzero

½ cucchiaino di pasta d'aglio

½ cucchiaino di zafferano

50 g di spinaci tritati

10 g di foglie di fieno greco, tritate finemente

25 g/1 oncia scarsa di foglie di coriandolo

Metodo

- Cuocere il dhal con acqua e sale in padella per 45 minuti, mescolando continuamente. Lasciato da parte.
- Scaldare il burro chiarificato in una padella. Aggiungere i semi di cumino, la cipolla, la pasta di zenzero, la pasta di aglio e la curcuma. Friggere per 2 minuti a fuoco basso, mescolando continuamente.
- Aggiungere gli spinaci, le foglie di fieno greco e le foglie di coriandolo. Mescolare bene e cuocere per 5-7 minuti.
- Servire caldo con riso al vapore

Dhalcha

(Condividi il grammo del Bengala con l'agnello)

4 porzioni

ingredienti

150 g di chana dhal*

150 g / 5½ once di dhal*

2,8 litri / 5 litri di acqua

Sale a piacere

2 cucchiai di pasta di tamarindo

2 cucchiai di olio vegetale raffinato

4 cipolle grandi, tritate

5 cm/2 pollici Radice di zenzero, grattugiata

10 spicchi d'aglio schiacciati

750 g/1 libbra 10 once di agnello, macinato

1,4 litri / 2½ litri di acqua

3-4 pomodori, tritati

1 cucchiaino di peperoncino in polvere

1 cucchiaino di zafferano

1 cucchiaino di garam masala

20 foglie di curry

25 g/1 oncia scarsa di foglie di coriandolo, tritate finemente

Metodo

- Cuocere i dhal con acqua salata per 1 ora a fuoco medio. Aggiungere la pasta di tamarindo e impastare bene. Lasciato da parte.
- Scaldare l'olio in una padella. Aggiungere la cipolla, lo zenzero e l'aglio. Friggere a fuoco medio fino a doratura. Aggiungere l'agnello e mescolare continuamente fino a doratura.
- Aggiungere l'acqua e cuocere fino a quando l'agnello sarà tenero.
- Aggiungere i pomodori, il peperoncino in polvere, la curcuma e il sale. Mescolare bene. Cuocere per altri 7 minuti.
- Aggiungi dhal, garam masala e foglie di curry. Mescolare bene. Cuocere per 4-5 minuti.
- Decorare con foglie di coriandolo. Servire caldo.

Tarkari Dhalcha

(Dividi il grammo del Bengala con le verdure)

4 porzioni

ingredienti

150 g di chana dhal*

150 g / 5½ once di dhal*

Sale a piacere

3 litri / 5¼ pinte di acqua

10 g di foglie di menta

10 g di foglie di coriandolo

2 cucchiai di olio vegetale raffinato

½ cucchiaino di semi di senape

½ cucchiaino di semi di cumino

Pizzico di semi di fieno greco

Pizzico di semi di Kalonji*

2 peperoni rossi secchi

10 foglie di curry

½ cucchiaino di pasta di zenzero

½ cucchiaino di pasta d'aglio

½ cucchiaino di zafferano

1 cucchiaino di peperoncino in polvere

1 cucchiaino di pasta di tamarindo

500 g di zucca, affettata finemente

Metodo

- Cuocere i due dhal con il sale, 2,5 litri/4 litri di acqua e metà della menta e del coriandolo in una padella a fuoco medio per 1 ora. Macinare fino a formare una pasta densa. Lasciato da parte.
- Scaldare l'olio in una padella. Aggiungere semi di senape, cumino, fieno greco e kalonji. Lasciali balbettare per 15 secondi.
- Aggiungere il peperoncino rosso e le foglie di curry. Friggere a fuoco medio per 15 secondi.
- Aggiungere pasta dhal, pasta di zenzero, pasta di aglio, curcuma, peperoncino in polvere e pasta di tamarindo. Mescolare bene. Cuocere a fuoco medio, mescolando continuamente, per 10 minuti.
- Aggiungere il resto dell'acqua e la zucca. Cuocere fino a quando la zucca sarà cotta.
- Aggiungere il resto delle foglie di menta e coriandolo. Cuocere per 3-4 minuti.
- Servire caldo.

Dhokar Dhalna

(Cubetti di Dhal fritti al curry)

4 porzioni

ingredienti

600 g/1 libbra 5 once di chana dhal*, imbevuto durante la notte

120 ml/4 once fluide di acqua

Sale a piacere

4 cucchiai di olio vegetale raffinato, più extra per friggere

3 peperoni verdi, tritati

½ cucchiaino di assafetida

2 cipolle grandi, tritate finemente

1 foglia di alloro

1 cucchiaino di pasta di zenzero

1 cucchiaino di pasta d'aglio

1 cucchiaino di peperoncino in polvere

¾ cucchiaino di curcuma

1 cucchiaino di garam masala

1 cucchiaio di foglie di coriandolo, tritate finemente

Metodo

- Macinare il dhal con acqua e un po' di sale fino a formare una pasta densa. Lasciato da parte.
- Scaldare 1 cucchiaio di olio in una padella. Aggiungi peperoncini verdi e assafetida. Lasciali balbettare per 15 secondi. Aggiungere la pasta dhal e un altro po' di sale. Mescolare bene.
- Stendere questo composto su un vassoio a raffreddare. Tagliare in pezzi di 2,5 cm.
- Scaldare l'olio per friggere in una padella. Friggere i pezzi fino a doratura. Lasciato da parte.
- Scaldare 2 cucchiai di olio in una padella. Friggere la cipolla fino a doratura. Tritarli fino a formare una pasta e metterli da parte.
- Scaldare 1 cucchiaio di olio rimanente in una padella. Aggiungere la foglia di alloro, i pezzi di dhal fritti, la pasta di cipolla fritta, la pasta di zenzero, la pasta di aglio, il peperoncino in polvere, la curcuma e il garam masala. Aggiungi abbastanza acqua per coprire i pezzi di dhal. Mescolare bene e cuocere per 7-8 minuti.
- Decorare con foglie di coriandolo. Servire caldo.

Varan

(Divisione semplice Red Gram Dhal)

4 porzioni

ingredienti

300 g/10 once di dhal*

2,4 litri/4 litri di acqua

¼ cucchiaino di assafetida

½ cucchiaino di zafferano

Sale a piacere

Metodo

- Cuocere tutti gli ingredienti in padella per circa 1 ora a fuoco medio.
- Servire caldo con riso al vapore

Dolce dhal

(Grammo Rosso Dolce Spezzato)

Serve da 4 a 6

ingredienti

300 g/10 once di dhal*

2,5 litri/4 litri di acqua

Sale a piacere

¼ cucchiaino di curcuma

Un grosso pizzico di assafetida

½ cucchiaino di peperoncino in polvere

Pezzo di zucchero di canna da 5 cm/2 pollici*

2 cucchiaini di olio vegetale raffinato

¼ di cucchiaino di semi di cumino

¼ di cucchiaino di semi di senape

2 peperoni rossi secchi

1 cucchiaio di foglie di coriandolo, tritate finemente

Metodo

- Lavare e cuocere il toor dhal con acqua e sale in una padella a fuoco basso per 1 ora.
- Aggiungi curcuma, assafetida, peperoncino in polvere e jaggery. Cuocere per 5 minuti. Omogeneizzare. Lasciato da parte.
- In una piccola padella, scaldare l'olio. Aggiungere i semi di cumino, i semi di senape e i peperoncini rossi secchi. Lasciali balbettare per 15 secondi.
- Versare il dhal e mescolare bene.
- Decorare con foglie di coriandolo. Servire caldo.

Dhal agrodolce

(Grammo rosso spezzato in agrodolce)

Serve da 4 a 6

ingredienti

300 g/10 once di dhal*

2,4 litri/4 litri di acqua

Sale a piacere

¼ cucchiaino di curcuma

¼ cucchiaino di assafetida

1 cucchiaino di pasta di tamarindo

1 cucchiaino di zucchero

2 cucchiaini di olio vegetale raffinato

½ cucchiaino di semi di senape

2 peperoni verdi

8 foglie di curry

1 cucchiaio di foglie di coriandolo, tritate finemente

Metodo

- Cuocere il toor dhal in una padella con acqua e sale a fuoco medio per 1 ora.
- Aggiungere la curcuma, l'assafetida, la pasta di tamarindo e lo zucchero. Cuocere per 5 minuti. Lasciato da parte.
- In una piccola padella, scaldare l'olio. Aggiungi semi di senape, peperoncini verdi e foglie di curry. Lasciali balbettare per 15 secondi.
- Versare questo condimento nel dhal.
- Decorare con foglie di coriandolo.
- Servire caldo con riso al vapore o chapati

Mung-ni-Dhal

(Grammo verde diviso)

4 porzioni

ingredienti

300 g/10 once di mung dhal*

1,9 litri / 3½ litri di acqua

Sale a piacere

¼ cucchiaino di curcuma

½ cucchiaino di pasta di zenzero

1 peperone verde, tritato

¼ cucchiaino di zucchero

1 cucchiaio di burro chiarificato

½ cucchiaino di semi di sesamo

1 cipolla piccola tritata

1 spicchio d'aglio tritato

Metodo

- Lessare il mung dhal con acqua e sale in una padella a fuoco medio per 30 minuti.
- Aggiungere la curcuma, la pasta di zenzero, i peperoncini verdi e lo zucchero. Agitare bene.
- Aggiungi 120 ml di acqua se il dhal è asciutto. Cuocere per 2-3 minuti e mettere da parte.
- Scaldare il burro chiarificato in una piccola padella. Aggiungere i semi di sesamo, la cipolla e l'aglio. Friggere per 1 minuto, mescolando continuamente.
- Aggiungi questo al dhal. Servire caldo.

Dhal con cipolla e cocco

(Grammo rosso spezzato con cipolla e cocco)

Serve da 4 a 6

ingredienti

300 g/10 once di dhal*

2,8 litri / 5 litri di acqua

2 peperoni verdi, tritati

1 cipolla piccola tritata

Sale a piacere

¼ cucchiaino di curcuma

1 cucchiaino e mezzo di olio vegetale

½ cucchiaino di semi di senape

1 cucchiaio di foglie di coriandolo, tritate finemente

50 g di cocco fresco, grattugiato

Metodo

- Lessare il toor dhal con acqua, peperoncini verdi, cipolla, sale e curcuma in una padella a fuoco medio per 1 ora. Lasciato da parte.
- Scaldare l'olio in una padella. Aggiungi i semi di senape. Lasciali balbettare per 15 secondi.
- Versare il dhal e mescolare bene.
- Decorare con foglie di coriandolo e cocco. Servire caldo.

Dahi Kadhi

(Curry a base di yogurt)

4 porzioni

ingredienti

1 cucchiaio di besan*

250 g di yogurt

750 ml/1¼ pinte di acqua

2 cucchiaini di zucchero

Sale a piacere

½ cucchiaino di pasta di zenzero

1 cucchiaio di olio vegetale raffinato

¼ di cucchiaino di semi di senape

¼ di cucchiaino di semi di cumino

¼ cucchiaino di semi di fieno greco

8 foglie di curry

10 g di foglie di coriandolo, tritate finemente

Metodo

- Mescolare in una padella capiente il besan con lo yogurt, l'acqua, lo zucchero, il sale e la pasta di zenzero. Mescolare bene per evitare che si formino grumi.
- Cuocere il composto a fuoco medio finché non inizia ad addensarsi, mescolando continuamente. Lascialo bollire. Lasciato da parte.
- Scaldare l'olio in una padella. Aggiungi semi di senape, semi di cumino, semi di fieno greco e foglie di curry. Lasciali balbettare per 15 secondi.
- Versare questo olio sopra la miscela di fagioli.
- Decorare con foglie di coriandolo. Servire caldo.

Dhal di spinaci

(Spinaci con grammo verde spezzato)

4 porzioni

ingredienti

300 g/10 once di mung dhal*

1,9 litri / 3½ litri di acqua

Sale a piacere

1 cipolla grande, tritata

6 spicchi d'aglio, tritati

¼ cucchiaino di curcuma

100 g/3½ once di spinaci tritati

½ cucchiaino di amchoor*

Pizzico di garam masala

½ cucchiaino di pasta di zenzero

1 cucchiaio di olio vegetale raffinato

1 cucchiaino di semi di cumino

2 cucchiai di foglie di coriandolo, tritate finemente

Metodo

- Cuocere il dhal con acqua e sale in una padella a fuoco medio per 30-40 minuti.
- Aggiungere la cipolla e l'aglio. Cuocere per 7 minuti.
- Aggiungi curcuma, spinaci, amchoor, garam masala e pasta di zenzero. Omogeneizzare.
- Cuocere fino a quando il dhal sarà morbido e tutte le spezie saranno state assorbite. Lasciato da parte.
- Scaldare l'olio in una padella. Aggiungi i semi di cumino. Lasciali balbettare per 15 secondi.
- Versalo sopra il dhal.
- Decorare con foglie di coriandolo. Servire caldo

Taker Dhal

(Lenticchie rosse acide con mango verde)

4 porzioni

ingredienti

300 g/10 once di dhal*

2,4 litri/4 litri di acqua

1 mango verde, snocciolato e tagliato in quarti

½ cucchiaino di zafferano

4 peperoni verdi

Sale a piacere

2 cucchiaini di olio di senape

½ cucchiaino di semi di senape

1 cucchiaio di foglie di coriandolo, tritate finemente

Metodo

- Far bollire il dhal con acqua, pezzi di mango, curcuma, peperoncini verdi e sale per un'ora. Lasciato da parte.
- Scaldare l'olio in una padella e aggiungere i semi di senape. Lasciali balbettare per 15 secondi.
- Aggiungi questo al dhal. Cuocere fino a quando non si sarà addensato.
- Decorare con foglie di coriandolo. Servire caldo con riso al vapore

Dhal di base

(Grammo Rosso Spaccato con Pomodoro)

4 porzioni

ingredienti

300 g/10 once di dhal*

1,2 litri/2 litri di acqua

Sale a piacere

¼ cucchiaino di curcuma

½ cucchiaio di olio vegetale raffinato

¼ di cucchiaino di semi di cumino

2 peperoni verdi, tagliati longitudinalmente

1 pomodoro di media grandezza, tritato

1 cucchiaio di foglie di coriandolo, tritate finemente

Metodo

- Cuocere il toor dhal con acqua e sale in una padella per 1 ora a fuoco medio.
- Aggiungere lo zafferano e mescolare bene.
- Se il dhal è troppo denso, aggiungere 120 ml di acqua. Mescolare bene e mettere da parte.
- Scaldare l'olio in una padella. Aggiungere i semi di cumino e lasciarli scoppiettare per 15 secondi. Aggiungere peperone verde e pomodoro. Friggere per 2 minuti.
- Aggiungi questo al dhal. Mescolare e cuocere per 3 minuti.
- Decorare con foglie di coriandolo. Servire caldo con riso al vapore

Maa-ki-Dhal

(Ricco BlackGram)

4 porzioni

ingredienti

240 g di Kaali Dhal*

125 g di fagioli rossi

2,8 litri / 5 litri di acqua

Sale a piacere

3,5 cm/1½ pollici Radice di zenzero, pollock

1 cucchiaino di peperoncino in polvere

3 pomodori, frullati

1 cucchiaio di burro

2 cucchiaini di olio vegetale raffinato

1 cucchiaino di semi di cumino

2 cucchiai di panna liquida

Metodo

- Immergere insieme il dhal e i fagioli rossi durante la notte.
- Cuocere con acqua, sale e zenzero in padella per 40 minuti a fuoco medio.
- Aggiungere il peperoncino in polvere, la passata di pomodoro e il burro. Cuocere per 8-10 minuti. Lasciato da parte.
- Scaldare l'olio in una padella. Aggiungi i semi di cumino. Lasciali balbettare per 15 secondi.
- Aggiungi questo al dhal. Mescolare bene.
- Aggiungere la panna. Servire caldo con riso al vapore

Dhansak

(Parsi Spezzato Rosso Gram Piccante)

4 porzioni

ingredienti

3 cucchiai di olio vegetale raffinato

1 cipolla grande, tritata finemente

2 pomodori grandi, tritati

½ cucchiaino di zafferano

½ cucchiaino di peperoncino in polvere

1 cucchiaio di dhansak masala*

1 cucchiaio di aceto di malto

Sale a piacere

Per la miscela Dhal:

150 g / 5½ once di dhal*

75 g / 2½ once di Mung Dhal*

75 g / 2½ once di masoor dhal*

1 melanzana piccola, divisa in quarti

Pezzo di zucca da 7,5 cm, tagliato in quarti

1 cucchiaio di foglie di fieno greco fresche

1,4 litri / 2½ litri di acqua

Sale a piacere

Metodo

- Cuocere insieme gli ingredienti della miscela Dhal in una padella a fuoco medio per 45 minuti. Lasciato da parte.
- Scaldare l'olio in una padella. Friggere la cipolla e il pomodoro a fuoco medio per 2-3 minuti.
- Aggiungi la miscela dhal e tutti gli ingredienti rimanenti. Mescolare bene e cuocere a fuoco medio per 5-7 minuti. Servire caldo.

Masoor Dhal

4 porzioni

ingredienti

300 g/10 once di masoor dhal*

Sale a piacere

Pizzico di zafferano

1,2 litri/2 litri di acqua

2 cucchiai di olio vegetale raffinato

6 spicchi d'aglio schiacciati

1 cucchiaino di succo di limone

Metodo

- Cuocere il dhal, il sale, la curcuma e l'acqua in una padella a fuoco medio per 45 minuti. Lasciato da parte.
- In una padella, scaldare l'olio e friggere l'aglio fino a doratura. Aggiungere al dhal e cospargere con succo di limone. Mescolare bene. Servire caldo.

Panchemel Dhal

(Miscela di cinque lenticchie)

4 porzioni

ingredienti

75 g / 2½ once di Mung Dhal*

1 cucchiaio di chana dhal*

1 cucchiaio di masoor dhal*

1 cucchiaio di to dhal*

1 cucchiaio di urad dhal*

750 ml/1¼ pinte di acqua

½ cucchiaino di zafferano

Sale a piacere

1 cucchiaio di burro chiarificato

1 cucchiaino di semi di cumino

Pizzico di assafetida

½ cucchiaino di garam masala

1 cucchiaino di pasta di zenzero

Metodo

- Cuocere i dhal con acqua, zafferano e sale in padella per 1 ora a fuoco medio. Agitare bene. Lasciato da parte.
- Scaldare il burro chiarificato in una padella. Friggere gli ingredienti rimanenti per 1 minuto.
- Aggiungilo al dhal, mescola bene e cuoci per 3-4 minuti. Servire caldo.

Cholar Dhal

(Grammo del Bengala diviso)

4 porzioni

ingredienti

600 g/1 libbra 5 once di chana dhal*

2,4 litri/5 litri di acqua

Sale a piacere

3 cucchiai di burro chiarificato

½ cucchiaino di semi di cumino

½ cucchiaino di zafferano

2 cucchiaini di zucchero

3 chiodi di garofano

2 foglie di alloro

2,5 cm/1 pollice cannella

2 capsule di cardamomo verde

15 g/½ oz di cocco, tritato e fritto

Metodo

- Cuocere il dhal con acqua e sale in una padella a fuoco medio per 1 ora. Lasciato da parte.
- Scaldare 2 cucchiai di burro chiarificato in una padella. Aggiungere tutti gli ingredienti tranne il cocco. Lasciali balbettare per 20 secondi. Aggiungere il dhal cotto e cuocere, mescolando bene per 5 minuti. Aggiungi il cocco e 1 cucchiaio di burro chiarificato. Servire caldo.

Dilpasand Dhal

(Lenticchie Speciali)

4 porzioni

ingredienti

60 g di fagioli urad*

2 cucchiai di fagioli rossi

2 cucchiai di ceci

2 litri / 3½ litri di acqua

¼ cucchiaino di curcuma

2 cucchiai di burro chiarificato

2 pomodori, sbollentati e ridotti in purea

2 cucchiaini di cumino macinato, tostato a secco

125 g di yogurt, shakerato

Panna singola da 120 ml/4 fl oz

Sale a piacere

Metodo

- Mescolare i fagioli, i ceci e l'acqua. Lasciare macerare in padella per 4 ore. Aggiungere lo zafferano e cuocere per 45 minuti a fuoco medio. Lasciato da parte.
- Scaldare il burro chiarificato in una padella. Aggiungere tutti gli ingredienti rimanenti e cuocere a fuoco medio finché il burro chiarificato non si separa.
- Aggiungere il composto di fagioli e ceci. Cuocere fino a quando non sarà asciutto. Servire caldo.

Dhal Masoor

(Lenticchie rosse spaccate)

4 porzioni

ingredienti

1 cucchiaio di burro chiarificato

1 cucchiaino di semi di cumino

1 cipolla piccola, tritata finemente

2,5 cm/1 pollice Radice di zenzero, tritata finemente

6 spicchi d'aglio, tritati

4 peperoni verdi, tagliati longitudinalmente

1 pomodoro, pelato e frullato

½ cucchiaino di zafferano

300 g/10 once di masoor dhal*

1,5 litri / 2¾ pinte di acqua

Sale a piacere

2 cucchiai di foglie di coriandolo

Metodo

- Scaldare il burro chiarificato in una padella. Aggiungere i semi di cumino, la cipolla, lo zenzero, l'aglio, il peperoncino, il pomodoro e la curcuma. Friggere per 5 minuti, mescolando continuamente.
- Aggiungere dhal, acqua e sale. Cuocere per 45 minuti. Decorare con foglie di coriandolo. Servire caldo con riso al vapore

Dhal con melanzane

(Lenticchie con melanzane)

4 porzioni

ingredienti

300 g/10 once di dhal*

1,5 litri/2 litri di acqua

Sale a piacere

1 cucchiaio di olio vegetale raffinato

50 g di melanzane, tagliate a cubetti

2,5 cm/1 pollice cannella

2 capsule di cardamomo verde

2 chiodi di garofano

1 cipolla grande, tritata finemente

2 pomodori grandi, tritati finemente

½ cucchiaino di pasta di zenzero

½ cucchiaino di pasta d'aglio

1 cucchiaino di coriandolo macinato

½ cucchiaino di zafferano

10 g di foglie di coriandolo, per guarnire

Metodo

- Lessare il dhal con acqua e sale in una padella per 45 minuti a fuoco medio. Lasciato da parte.
- Scaldare l'olio in una padella. Aggiungere tutti gli ingredienti rimanenti tranne le foglie di coriandolo. Friggere per 2-3 minuti, mescolando continuamente.
- Aggiungere il composto al dhal. Cuocere per 5 minuti. Guarnire e servire.

Dhal Tadka giallo

4 porzioni

ingredienti

300 g/10 once di mung dhal*

1 litro di acqua

¼ cucchiaino di curcuma

Sale a piacere

3 cucchiaini di burro chiarificato

½ cucchiaino di semi di senape

½ cucchiaino di semi di cumino

½ cucchiaino di semi di fieno greco

2,5 cm/1 pollice Radice di zenzero, tritata finemente

4 spicchi d'aglio, tritati

3 peperoni verdi, tagliati longitudinalmente

8 foglie di curry

Metodo

- Cuocere il dhal con acqua, zafferano e sale in padella per 45 minuti a fuoco medio. Lasciato da parte.
- Scaldare il burro chiarificato in una padella. Aggiungi tutti gli ingredienti rimanenti. Friggere per 1 minuto e versare sopra il dhal. Mescolare bene e servire caldo.

Rasam

(Zuppa piccante di tamarindo)

4 porzioni

ingredienti

2 cucchiai di pasta di tamarindo

750 ml/1¼ pinte di acqua

8-10 foglie di curry

2 cucchiai di foglie di coriandolo tritate

Pizzico di assafetida

Sale a piacere

2 cucchiaini di burro chiarificato

½ cucchiaino di semi di senape

Per il mix di spezie:

2 cucchiaini di semi di coriandolo

2 cucchiai di too dhal*

1 cucchiaino di semi di cumino

4-5 grani di pepe

1 peperoncino rosso secco

Metodo

- Arrostire a secco e macinare gli ingredienti del mix di spezie.
- Mescolare la miscela di spezie con tutti gli ingredienti tranne il burro chiarificato e i semi di senape. Cuocere per 7 minuti a fuoco medio in padella.
- Scaldare il burro chiarificato in un'altra padella. Aggiungi i semi di senape e lasciali scoppiettare per 15 secondi. Versalo direttamente nel rasam. Servire caldo.

Mung Dhal semplice

4 porzioni

ingredienti

300 g/10 once di mung dhal*

1 litro di acqua

Pizzico di zafferano

Sale a piacere

2 cucchiai di olio vegetale raffinato

1 cipolla grande, tritata finemente

3 peperoni verdi, tritati finemente

2,5 cm/1 pollice Radice di zenzero, tritata finemente

5 foglie di curry

2 pomodori tagliati

Metodo

- Cuocere il dhal con acqua, zafferano e sale in padella per 30 minuti a fuoco medio. Lasciato da parte.
- Scaldare l'olio in una padella. Aggiungi tutti gli ingredienti rimanenti. Friggere per 3-4 minuti. Aggiungi questo al dhal. Cuocere fino a quando non si sarà addensato. Servire caldo.

Mung verde intero

4 porzioni

ingredienti

250 g di fagioli mung, ammollati per una notte

1 litro di acqua

½ cucchiaio di olio vegetale raffinato

½ cucchiaino di semi di cumino

6 foglie di curry

1 cipolla grande, tritata finemente

½ cucchiaino di pasta d'aglio

½ cucchiaino di pasta di zenzero

3 peperoni verdi, tritati finemente

1 pomodoro, tritato

¼ cucchiaino di curcuma

Sale a piacere

120 ml/4 once fluide di latte

Metodo

- Cuocere i fagioli con acqua in una padella per 45 minuti a fuoco medio. Lasciato da parte.
- Scaldare l'olio in una padella. Aggiungi i semi di cumino e le foglie di curry.
- Dopo 15 secondi aggiungere i fagioli cotti e tutti gli ingredienti rimanenti. Mescolare bene e cuocere per 7-8 minuti. Servire caldo.

Dahi Kadhi con Pakora

(Curry a base di yogurt con gnocco fritto)

4 porzioni

ingredienti
Per la pakora:

125 g di besan*

¼ di cucchiaino di semi di cumino

2 cucchiaini di cipolla tritata

1 peperone verde tritato

½ cucchiaino di zenzero grattugiato

Pizzico di zafferano

2 peperoni verdi, tritati

½ cucchiaino di semi di ajowan

Sale a piacere

Olio per friggere

Per il kadhi:

Dahi Kadhi

Metodo

- In una ciotola, mescolare tutti gli ingredienti della pakora, tranne l'olio, con abbastanza acqua per formare una pastella densa. Friggere le cucchiaiate in olio bollente fino a doratura.
- Cuocere il kadhi e aggiungere i pakora. Cuocere per 3-4 minuti.
- Servire caldo con riso al vapore

Dolce Dhal al mango verde

(Dividi l'erba rossa con il mango verde)

4 porzioni

ingredienti

300 g/10 once di dhal*

2 peperoni verdi, tagliati longitudinalmente

2 cucchiaini di zucchero di canna*, Grato

1 cipolla piccola, affettata

Sale a piacere

¼ cucchiaino di curcuma

1,5 litri / 2¾ pinte di acqua

1 mango verde, sbucciato e tritato

1 cucchiaino e ½ di olio vegetale raffinato

½ cucchiaino di semi di senape

1 cucchiaio di foglie di coriandolo, per guarnire

Metodo

- Mescolare in una padella tutti gli ingredienti tranne l'olio, i semi di senape e le foglie di coriandolo. Cuocere per 30 minuti a fuoco medio. Lasciato da parte.
- Scaldare l'olio in una padella. Aggiungi i semi di senape. Lasciali balbettare per 15 secondi. Versalo sopra il dhal. Guarnire e servire caldo.

Malai Dhal

(Dividi il grammo nero con la panna)

4 porzioni

ingredienti

300 g/10 once di urad dhal*, imbevuto per 4 ore

1 litro di acqua

500 ml/16 fl oz di latte bollito

1 cucchiaino di zafferano

Sale a piacere

½ cucchiaino di amchoor*

2 cucchiai di panna liquida

1 cucchiaio di burro chiarificato

1 cucchiaino di semi di cumino

2,5 cm/1 pollice Radice di zenzero, tritata finemente

1 pomodoro piccolo, tritato

1 cipolla piccola, tritata finemente

Metodo

- Cuocere il dhal con acqua a fuoco medio per 45 minuti.
- Aggiungere il latte, lo zafferano, il sale, l'amchoor e la panna. Mescolare bene e cuocere per 3-4 minuti. Lasciato da parte.
- Scaldare il burro chiarificato in una padella. Aggiungere i semi di cumino, lo zenzero, i pomodori e la cipolla. Friggere per 3 minuti. Aggiungi questo al dhal. Mescolare bene e servire caldo.

Sambhar

(Mix di lenticchie e verdure cotte con spezie particolari)

4 porzioni

ingredienti

300 g/10 once di dhal*

1,5 litri / 2¾ pinte di acqua

Sale a piacere

1 cucchiaio di olio vegetale raffinato

1 cipolla grande, tagliata a fettine sottili

2 cucchiaini di pasta di tamarindo

¼ cucchiaino di curcuma

1 peperone verde, tritato grossolanamente

1 cucchiaino e mezzo di polvere di sambhar*

2 cucchiai di foglie di coriandolo, tritate finemente

Per il condimento:

1 peperone verde, tagliato longitudinalmente

1 cucchiaino di semi di senape

½ cucchiaino di urad dhal*

8 foglie di curry

¼ cucchiaino di assafetida

Metodo

- Mescolare tutti gli ingredienti del condimento. Lasciato da parte.
- Cuocere il toor dhal con acqua e sale in una padella a fuoco medio per 40 minuti. Impastare bene. Lasciato da parte.
- Scaldare l'olio in una padella. Aggiungere gli ingredienti del condimento. Lasciali balbettare per 20 secondi.
- Aggiungere il dhal cotto e tutti gli ingredienti rimanenti tranne le foglie di coriandolo. Cuocere a fuoco basso per 8-10 minuti.
- Decorare con foglie di coriandolo. Servire caldo.

Tre dhal

(Lenticchie miste)

4 porzioni

ingredienti

150 g / 5½ once di dhal*

75 g / 2½ once di masoor dhal*

75 g / 2½ once di Mung Dhal*

1 litro di acqua

1 pomodoro grande, tritato

1 cipolla piccola, tritata finemente

4 spicchi d'aglio, tritati

6 foglie di curry

Sale a piacere

¼ cucchiaino di curcuma

2 cucchiai di olio vegetale raffinato

½ cucchiaino di semi di cumino

Metodo

- Immergere i dhal in acqua per 30 minuti. Cuocere con gli altri ingredienti, tranne l'olio d'oliva e il cumino, per 45 minuti a fuoco medio.
- Scaldare l'olio in una padella. Aggiungi i semi di cumino. Lasciali balbettare per 15 secondi. Versalo sopra il dhal. Mescolare bene. Servire caldo.

Bacchetta Methi-Sambhar

(Fieno greco e bacchette con Red Gram diviso)

4 porzioni

ingredienti

300 g/10 once di dhal*

1 litro di acqua

Pizzico di zafferano

Sale a piacere

2 bacchette indiane*, tritato

1 cucchiaino di olio vegetale raffinato

¼ di cucchiaino di semi di senape

1 peperone rosso, tagliato a metà

¼ cucchiaino di assafetida

10 g di foglie di fieno greco fresche, tritate

1¼ cucchiaino di polvere di sambhar*

1¼ cucchiaino di pasta di tamarindo

Metodo

- Mescolare dhal, acqua, curcuma, sale e cosce in una padella. Cuocere per 45 minuti a fuoco medio. Lasciato da parte.
- Scaldare l'olio in una padella. Aggiungere tutti gli ingredienti rimanenti e friggere per 2-3 minuti. Aggiungilo al dhal e cuoci per 7-8 minuti. Servire caldo.

Dhal Shorba

(Zuppa di lenticchie)

4 porzioni

ingredienti

300 g/10 once di dhal*

Sale a piacere

1 litro di acqua

1 cucchiaio di olio vegetale raffinato

2 cipolle grandi, affettate

4 spicchi d'aglio schiacciati

50 g di foglie di spinaci, tritate finemente

3 pomodori, tritati finemente

1 cucchiaino di succo di limone

1 cucchiaino di garam masala

Metodo

- Cuocere il dhal, il sale e l'acqua in una padella a fuoco medio per 45 minuti. Lasciato da parte.
- Riscaldare l'olio. Friggere la cipolla a fuoco medio fino a doratura. Aggiungere tutti gli ingredienti rimanenti e cuocere per 5 minuti, mescolando spesso.
- Aggiungilo alla miscela dhal. Servire caldo.

Buonissimo Mung

(Tutto Mung)

4 porzioni

ingredienti

- 250 g di fagioli mung
- 2,5 litri/4 litri di acqua
- Sale a piacere
- 2 cipolle medie, tritate
- 3 peperoni verdi, tritati
- ¼ cucchiaino di curcuma
- 1 cucchiaino di peperoncino in polvere
- 1 cucchiaino di succo di limone
- 1 cucchiaio di olio vegetale raffinato
- ½ cucchiaino di semi di cumino
- 6 spicchi d'aglio schiacciati

Metodo

- Immergere i fagioli mung in acqua per 3-4 ore. Cuocere in padella con sale, cipolla, peperone verde, curcuma e peperoncino in polvere a fuoco medio per 1 ora.
- Aggiungere il succo di limone. Cuocere per 10 minuti. Lasciato da parte.

- Scaldare l'olio in una padella. Aggiungi i semi di cumino e l'aglio. Friggere per 1 minuto a fuoco medio. Versalo nella miscela di mung. Servire caldo.

Masala Toor Dhal

(Grammo Rosso Spezzato Piccante)

4 porzioni

ingredienti

300 g/10 once di dhal*

1,5 litri / 2¾ pinte di acqua

Sale a piacere

½ cucchiaino di zafferano

1 cucchiaio di olio vegetale raffinato

½ cucchiaino di semi di senape

8 foglie di curry

¼ cucchiaino di assafetida

½ cucchiaino di pasta di zenzero

½ cucchiaino di pasta d'aglio

1 peperone verde, tritato

1 cipolla tritata finemente

1 pomodoro, tritato

2 cucchiaini di succo di limone

2 cucchiai di foglie di coriandolo, per guarnire

Metodo

- Cuocere il dhal con acqua, sale e zafferano in padella per 45 minuti a fuoco medio. Lasciato da parte.
- Scaldare l'olio in una padella. Aggiungere tutti gli ingredienti tranne il succo di lime e le foglie di coriandolo. Friggere per 3-4 minuti a fuoco medio. Versalo sopra il dhal.
- Aggiungere il succo di limone e le foglie di coriandolo. Mescolare bene. Servire caldo.

Mung Dhal giallo secco

(Erba gialla secca)

4 porzioni

ingredienti

300 g/10 once di mung dhal*, imbevuto per 1 ora

250 ml/8 once fluide di acqua

¼ cucchiaino di curcuma

Sale a piacere

1 cucchiaio di burro chiarificato

1 cucchiaino di amchoor*

1 cucchiaio di foglie di coriandolo tritate

1 cipolla piccola, tritata finemente

Metodo

- Cuocere il dhal con acqua, zafferano e sale in padella per 45 minuti a fuoco medio.
- Riscaldare il burro chiarificato e versarlo sopra il dhal. Cospargere l'amchoor, le foglie di coriandolo e la cipolla. Servire caldo.

Intero Urad

(Grammo nero intero)

4 porzioni

ingredienti

Grani di urad da 300 g/10 once*, lavato

Sale a piacere

1,25 litri / 2½ litri di acqua

¼ cucchiaino di curcuma

½ cucchiaino di peperoncino in polvere

½ cucchiaino di zenzero secco in polvere

¾ cucchiaino di garam masala

1 cucchiaio di burro chiarificato

½ cucchiaino di semi di cumino

1 cipolla grande, tritata finemente

2 cucchiai di foglie di coriandolo, tritate finemente

Metodo

- Cuocere i fagioli urad con sale e acqua in una padella per 45 minuti a fuoco medio.
- Aggiungere la curcuma, il peperoncino in polvere, lo zenzero in polvere e il garam masala. Mescolare bene e cuocere per 5 minuti. Lasciato da parte.
- Scaldare il burro chiarificato in una padella. Aggiungere i semi di cumino e lasciarli scoppiettare per 15 secondi. Aggiungere la cipolla e friggere a fuoco medio fino a doratura.
- Aggiungere il composto di cipolle al dhal e mescolare bene. Cuocere per 10 minuti.
- Decorare con foglie di coriandolo. Servire caldo.

Dhal Fry

(Grammo rosso spezzato con spezie fritte)

4 porzioni

ingredienti

300 g/10 once di dhal*

1,5 litri / 2¾ pinte di acqua

½ cucchiaino di zafferano

Sale a piacere

2 cucchiai di burro chiarificato

½ cucchiaino di semi di senape

½ cucchiaino di semi di cumino

½ cucchiaino di semi di fieno greco

2,5 cm/1 pollice Radice di zenzero, tritata finemente

2-3 spicchi d'aglio, tritati

2 peperoni verdi, tritati

1 cipolla piccola, tritata finemente

1 pomodoro, tritato

Metodo

- Cuocere il dhal con acqua, zafferano e sale in padella per 45 minuti a fuoco medio. Agitare bene. Lasciato da parte.
- Scaldare il burro chiarificato in una padella. Aggiungi semi di senape, semi di cumino e semi di fieno greco. Lasciali balbettare per 15 secondi.
- Aggiungere lo zenzero, l'aglio, il peperoncino verde, la cipolla e il pomodoro. Friggere a fuoco medio per 3-4 minuti, mescolando continuamente. Aggiungi questo al dhal. Servire caldo.

Malai Koftas

(Gnocchi con Salsa Dolce)

 4 porzioni

ingredienti

2,5 cm/1 pollice cannella

6 capsule di cardamomo verde

¼ cucchiaino di noce moscata macinata

6 chiodi di garofano

3 cucchiaini di pepe bianco appena macinato

3,5 cm/1½ pollici Radice di zenzero, grattugiata

½ cucchiaino di zafferano

2 spicchi d'aglio schiacciati

2½ cucchiaini di zucchero

Sale a piacere

120 ml/4 once fluide di acqua

3 cucchiai di burro chiarificato

360 ml/12 once fluide di latte

Panna singola da 120 ml/4 fl oz

1 cucchiaio di formaggio cheddar grattugiato

1 cucchiaio di foglie di coriandolo, tritate finemente

Per i kofta:

50 g di khoya*

Pane da 50 g/1/oz*

4 patate grandi, bollite e schiacciate

4-5 peperoni verdi, tritati

1 cm / ½ pollice Radice di zenzero, grattugiata

1 cucchiaino di coriandolo tritato

½ cucchiaino di semi di cumino

Sale a piacere

20 g di uvetta

20 g di anacardi

Metodo

- Per i kofta, impastare tutti gli ingredienti del kofta tranne l'uvetta e gli anacardi fino a formare un impasto morbido.

- Dividete questo impasto in palline grandi quanto una noce. Premi 2-3 uvetta e anacardi al centro di ogni pallina.

- Cuocere le palline in forno a 200°C (400°F/Gas Mark 6) per 5 minuti. Mettili da parte.

- Per la salsa, tostare a secco in una padella a fuoco basso la cannella, il cardamomo, la noce moscata e i chiodi di garofano per 1 minuto. Macinare e mettere da parte.

- Macinare pepe, zenzero, curcuma, aglio, zucchero e sale con acqua. Lasciato da parte.

- Scaldare il burro chiarificato in una padella. Aggiungere la miscela di cannella e cardamomo. Friggere a fuoco medio per un minuto.

- Aggiungere il composto di pepe e zenzero. Friggere per 5-7 minuti, mescolando di tanto in tanto.

- Aggiungere il latte e la panna. Cuocere per 15 minuti, mescolando di tanto in tanto.

- Disporre i kofta caldi in una casseruola.

- Versare la salsa sui koftas e guarnire con formaggio e foglie di coriandolo. Servire caldo.

- In alternativa, dopo aver versato la salsa sui koftas, metteteli in forno preriscaldato a 200°C (400°F, Gas Mark 6) per 5 minuti. Guarnire con formaggio e foglie di coriandolo. Servire caldo.

Alo Palak

(Patate bollite con spinaci)

6 porzioni

ingredienti

300 g di spinaci tritati e cotti al vapore

2 peperoni verdi, tagliati longitudinalmente

4 cucchiai di burro chiarificato

2 patate grandi, bollite e tagliate a cubetti

½ cucchiaino di semi di cumino

2,5 cm/1 pollice Dalla radice di zenzero, julienne

2 cipolle grandi, tritate finemente

3 pomodori, tritati finemente

1 cucchiaino di peperoncino in polvere

½ cucchiaino di cannella in polvere

½ cucchiaino di chiodi di garofano macinati

¼ cucchiaino di curcuma

½ cucchiaino di garam masala

½ cucchiaino di farina integrale

1 cucchiaino di succo di limone

Sale a piacere

½ cucchiaio di burro

Un grosso pizzico di assafetida

Metodo

- Macinare grossolanamente gli spinaci con il pepe verde in un frullatore. Lasciato da parte.
- Scaldare il burro chiarificato in una padella. Aggiungete le patate e fatele soffriggere a fuoco medio finché non saranno dorate e croccanti. Scolateli e metteteli da parte.
- Nello stesso burro chiarificato, aggiungi i semi di cumino. Lasciali balbettare per 15 secondi.
- Aggiungere lo zenzero e la cipolla. Friggerli a fuoco medio per 2-3 minuti.
- Aggiungi gli altri ingredienti tranne il burro e l'assafetida. Cuocere il composto a fuoco medio per 3-4 minuti, mescolando a intervalli regolari.
- Aggiungere gli spinaci e le patate. Mescolare bene e cuocere per 2-3 minuti. Prenota la miscela.
- Scaldare il burro in un pentolino. Aggiungi l'assafetida. Lascialo agitare per 5 secondi.
- Versare immediatamente il composto sull'aloo palak. Mescolare delicatamente. Servire caldo.

NOTA:*Potete sostituire le patate con piselli freschi o chicchi di mais.*

www.ingramcontent.com/pod-product-compliance
Lightning Source LLC
Chambersburg PA
CBHW050158130526
44591CB00034B/1329